目　　录

Public Security

中国城市公共安全深访报告(2019)

In–depth Interview Report on Urban Public Security in China (2019)

王义保　张　睿　主编

中国矿业大学出版社
·徐州·

图书在版编目(CIP)数据

中国城市公共安全深访报告. 2019 / 王义保，张睿主编. —徐州：中国矿业大学出版社，2019.12

ISBN 978-7-5646-4598-4

Ⅰ. ①中… Ⅱ. ①王… ②张… Ⅲ. ①城市—公共安全—安全管理—研究报告—中国—2019 Ⅳ. ①D630.8

中国版本图书馆 CIP 数据核字(2019)第 299658 号

书　　名	中国城市公共安全深访报告(2019) ZHONGGUO CHENGSHI GONGGONG ANQUAN SHENFANG BAOGAO
主　　编	王义保　张　睿
责任编辑	姜　翠
出版发行	中国矿业大学出版社有限责任公司 (江苏省徐州市解放南路　邮编 221008)
营销热线	(0516)83885307　83884995
出版服务	(0516)83885767　83884920
网　　址	http://www.cumtp.com　**E-mail**：cumtpvip@cumtp.com
印　　刷	广东虎彩云印刷有限公司
开　　本	700 mm×1000 mm　1/16　**印张** 11　**字数** 220 千字
版次印次	2019 年 12 月第 1 版　2019 年 12 月第 1 次印刷
定　　价	68.00 元

(图书出现印装质量问题，本社负责调换)

前　　言

城市安全是国家安全的重要组成部分，更是经济社会发展的重要前提。伴随着城市化程度的迅速提高，城市人口和规模激增，城市要素愈发多样，城市结构更加复杂，城市公共安全面临的挑战日益严峻，威胁城市正常运转及经济发展的各类公共安全问题频繁发生。在推进城市公共安全建设的同时，城市居民的安全感愈发成为衡量城市公共安全状况、体现政府治理能力、评价政府公共安全治理成效的一项重要指标。

为了更加详尽地了解城市公共安全现状，客观真实地反映我国城市居民公共安全感的现状及问题，课题组在 2018 年 7—8 月组织开展了全国城市居民公共安全感入户调查，测算得出中国城市居民公共安全感指数，形成《中国城市公共安全感调查报告(2019)》。在公共安全感调查的基础之上，课题组于 2018 年 9—10 月组织 10 队调查小组 20 余名师生赴全国部分城市进行城市居民深度访谈(深访)，收集全国城市公共安全第一手资料，力求全面描绘城市公共安全的"全景图"，反映城市居民的真实公共安全需求，为我国城市公共安全发展的战略决策和学术研究提供重要依据。

在前期研究的基础之上，课题组通过对城市居民进行深度结构化访谈，形成了 10 篇城市公共安全深度访谈专题报告，分别为：北京篇、成都篇、长沙篇、广州篇、济南篇、兰州篇、南京篇、上海篇、沈阳篇、西安篇。专题报告对重点城市居民的公共安全感进行探析，探析城市居民对于当前城市公共安全满意或不满意的方面、所关注的重点，深度剖析其中原因，并结合城市居民反馈对城市公共安全存在的问题与挑战提出相应的对策建议，以期对城市公共安全治理提供参考。

北京篇

访谈时间： 2018年10月3日—10月7日
访谈地点： 北京市海淀区、西城区、丰台区、东城区、朝阳区
访谈人员： 武迎香　张瀚心

北京，简称"京"，是中华人民共和国的首都，是全国的政治中心、文化中心，是世界著名古都和现代化国际城市。北京位于北纬39°56′、东经116°20′，地处华北大平原的北部，东面与天津市毗连，其余均与河北省相邻。① 北京市的气候为典型的暖温带半湿润半干旱季风气候。地势西北高、东南低，西部、北部和东北部三面环山，东南部是一片缓缓向渤海倾斜的平原。② 北京市行政辖区总面积为16 410.54平方千米，全市共辖16个区，截至2018年年末北京市常住人口为2 154.2万人。③

一、调查背景

习近平总书记强调：发展是安全的基础，安全是发展的条件。实现高质量发展必须把城市公共安全放到全局中来谋划，把维护城市公共安全的理念、措施纳入城市规划、建设、管理的各个环节，推动城市公共安全与城市发展同步协调。国家安全里很重要的一部分是城市公共安全，城市公共安全在很大程度上影响着国家安全。虽然我国社会当前比较明显的特点是稳定和发展，但是依旧存在着威胁我国城市公共安全的因素，并有增长趋势，这些因素带来的负面影响不容轻视。通过对城市居民进行深度访谈，可发现城市居民对于不同的公共安全问题所存在的意识水平上的差异；通过掌握调研的第一手资料，可了解各

① 来源于北京市人民政府网站。
② 来源于北京市人民政府网站。
③ 数据来源于《北京统计年鉴2019》。

城市公共安全现状，为城市公共安全的深度研究提供有效资料。

本次访谈从2018年10月3日始至2018年10月7日止，受访者共计38人。38位受访者分别来自北京市海淀区、朝阳区、丰台区、西城区、东城区等。其中，海淀区和朝阳区人数比例较大。在调查问题的设置上，由浅入深，让受访者针对九个方面谈自己的看法以及满意程度，并提出改进意见。在受访群体的选择上，访谈选择了不同年龄段的受访对象，涵盖了从大学生到退休老年人多个年龄段的北京市城市居民，且选取的是在北京居住两年及以上且对北京有较深了解的城市居民。

相关受访人群中，从性别上看，男性占76%，女性占24%，男性受访者29位，女性受访者9位；从年龄上看，20～30岁的青年人占比最大，达76%；从籍贯上看，34%的受访者是拥有北京市户口的人，66%为后期定居北京或外来务工人员；从职业状况上看，上班族占55%。总体来说，此次受访群体在性别、年龄、籍贯及职业状况方面的选择具有一定代表性。

二、北京市城市公共安全评价

城市公共安全评价反映了城市居民对日常生产生活和所处的社会环境等密切相关的安全感受。受访者对北京市公共安全的感受可以测量北京市的整体城市公共安全状况，直观地反映和评价北京市城市公共安全面临的挑战以及存在的问题，为政府进行区域公共治理提供参考。

（一）北京市城市公共安全整体评价

城市居民关于公共安全的感受是对城市客观安全状况的主观反映。在调查问题的设置上，按照由浅入深的原则，让受访者对治安安全、交通安全、社会保障安全、公共卫生安全、公共场所设施安全、食品安全、自然安全、信息安全、生态安全等九个方面发表自己的看法，并提出改进意见。

在与38位受访者的谈话中，当问及“您对北京市的公共安全状况总体感到满意吗?”时，受访者大多表示十分满意或者比较满意。但本次调查发现北京市令人满意的公共安全分项并没有一定的归纳性，比如，在这位受访者眼中满意的安全状况也许正是另一位受访者眼中的糟糕之处。在北京市令人满意的城市公共安全分项中，治安安全、公共场所设施安全、社会保障安全是受访者较为满意的方面。“治安安全”的满意度最高，达19人次；“公共场所设施安全”有11人次表示满意，“社会保障安全”有11人次表示满意；但无人表示对“信息安全"满意，这说明北京市在信息安全方面亟待改善。令人满意的北京市公共安全状况，见图1。令人不满意的北京市公共安全状况，见图2。

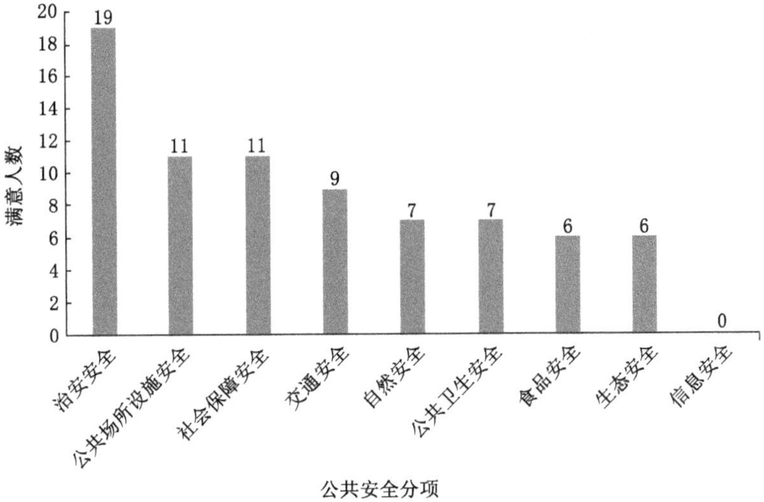

图1　令人满意的北京市公共安全状况

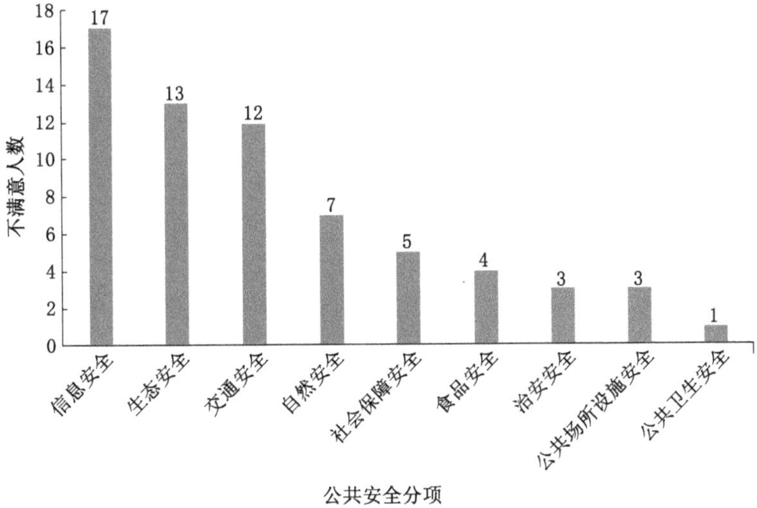

图2　令人不满意的北京市公共安全状况

（二）北京市城市公共安全分项评价高的原因

北京市城市居民对北京市公共安全某些领域的高评价与其社会治理和经济发展水平有关。无论是治安安全方面、公共场所设施安全方面还是社会保障安全方面,北京市在相关政策上都走在全国前列,极大地提升了北京市城市居民的安全感。

1. 政府社会高度重视,治安状况稳定有序

北京市作为人口密集的超大城市,犯罪率却较低。在城市的角落随处可见执法人员的身影,这为北京市城市居民带来了安全感。2018 年,北京市开展联合执法行动 3 800 余次,整治突出问题 1 200 余起,①同时引入社会组织参与社区平安建设,创新"朝阳群众"组织模式。群防群治是北京市社会治安综合治理工作的创新亮点和特色品牌,更是确保社会稳定和重大活动安全的制胜法宝。夜晚是否能安心独自出行、突发群体事件的处置能力、警力投入状况等都是衡量社会治安的重要指标。北京市各部门注重推动现代科技手段与社会治安综合治理深度融合,促进了社会治安综合治理智能化。

受访者表示北京市在治安方面有许多令城市居民安心的举措。来自丰台区的美术教师苏先生认为:"在北京的四环五环之内,夜间社会治安很好。我在深夜独自出门不会感到害怕,从自身经历来说,北京在这方面做得比其他城市好得多。总体上来说越是中心城区,社会治安越好,这可以从治安巡逻等方面看出来。我自己住的小区设有门禁,没有门禁卡的都不能进入小区。即使有个别陌生人进入,居民也不会太过忧虑,因为相信小区的治安力量会保障自己及家人的安全。关于社会暴力冲突事件的发生,我觉得每个城市都有问题,只不过因为北京是首都,所以会有更高的曝光率。以北京的人口数量来讲,北京市暴力冲突事件的发生率很低。"

2. 公共场所设施日趋完善,城市居民安全感倍增

公共场所设施是一切企业、单位和公众生产经营工作和生活的共同物质基础,是城市主体设施正常运行的保证,既是物质生产的重要条件,也是劳动力再生产的重要条件。"十三五"规划实施以来,北京市大力推动基础设施与城市功能的融合,使首都基础设施整体水平进入世界先进行列。北京市人口众多,公共场所设施必然也多。北京市的排水系统日趋完善,下雨天很少有地方因积水而导致不便,即使下暴雨,也极少发生排水系统瘫痪的情况。在学校,宿舍的防火通道、逃生楼梯等都标示得很明确,宣传引导服务做得也比较到位。节假日,在拥挤的场所,人流量大,安保人员充足、安保措施得力,城市居民整体素质也

① 数据来源于北京市公安局网站。

不断提升，几乎不会发生踩踏事件。总的来说，北京市城市居民对于北京的公共场所设施满意度较高。

受访者认为关于公共场所设施安全的细微举措体现出北京市对此的重视。北京师范大学法学系的周先生因专业相关，对北京的一些现状观察很细致，他认为："2018年北京开始整治一些高空建筑牌，这个努力的方向折射出政府对公共场所设施安全的重视，政府投入巨大精力来防止广告牌在大风时掉下来砸伤行人；公共交通的管道线路方面，原先的地铁没有护栏，存在有人跳轨自杀的现象，但现在所有的地铁都安装了护栏；关于广场踩踏，因为北京是一个人口大市，外来人口比较多。比如说在天安门广场，看升旗的可能有十几万人，但秩序还是很好的，一切都在可控的范围之内。北京的公共场所设施安全做得比较好。"

3. 社会保障政策严格落实，城市居民生活质量稳步提高

社会保障作为一座城市与城市居民直接利益相关的一个方面，是衡量城市公共安全、居民幸福感的重要尺度。如果一座城市的社会保障工作能够做到位，那么相应的这座城市的犯罪率等指标都会有正面反映。近年来，北京市完善和落实稳就业的相关政策措施，全力确保就业局势稳定；深化事业单位人事制度改革，切实加强人才人事工作。2018年，北京市积极稳妥推进养老保险制度改革，新建182家养老服务驿站；落实好医疗保险社会服务体系，建设100个国家级临床重点专科医联体服务点，促进社会保障制度可持续发展。从各种养老金到各种医疗福利，社会保障工作目前是北京市以及全国改革的一个重点。北京市的社会保障工作扎实推进，许多受访者表示对北京市的社会保障工作感到满意。

受访者表示北京市的社会保障工作大体上做到了令人满意。律师许先生认为："'五险一金'已经是所有行业所有工作的'标配'，这是法律所保障的。就我自己而言，我身边还没有老无所养的情况出现。而且我了解到，北京市政府对社会保障抓得很紧，对一些法规政策的落实非常严格。北京市的养老保险等社会保障工作比其他城市做得好一些。也许北京的社会保障工作没有使所有人满意，但已经做到了让大部分人满意。北京作为首都，常住人口2 000多万。如此大的人口数量，社会保障工作是相当繁重的，做到现在的覆盖面，已经是非常不容易了。当然北京还应继续努力，追求卓越。"

(三)北京市城市公共安全分项评价低的原因

除了对北京市的治安安全、公共场所设施安全、社会保障安全感到满意之外,受访者对于其他公共安全分项更多的是喜忧参半,部分受访者直接表达了对北京市信息安全、生态安全等方面的不满(见图2),认为北京市在有些方面仍有待提高。

1. 个人信息泄露防不胜防,网络交易平台惹人忧

最影响受访者对北京市城市公共安全总体满意度的是信息安全,大部分受访者表示对信息安全感到不满意。由于日常频繁接触互联网、下载手机软件以及填写各类信息表,受访者感到自己的信息泄露极为严重,甚至说感觉自己是透明的,毫无隐私可言。垃圾骚扰短信充斥着手机,诈骗电话接二连三,这给许多城市居民带来困扰。中国司法大数据服务网显示,19.16%的网络诈骗案件具有精准诈骗的特征,即不法分子获取公民个人信息后有针对性地实施诈骗,极大地提高了诈骗得逞的可能性。北京作为首都,是信息集中的地方,信息杂芜、良莠不齐,信息大环境较为复杂,这也是信息不安全的根源。人们经常会发现个人的信息被泄露,但又无从查起,制度法规对此也难以有效约束。

多数受访者表示对北京市的信息安全状况不满意。律师许先生说:"我的手机经常会收到一些垃圾短信或广告。比如说,我在淘宝买了一个物品之后,那家店就会不断地给我发一些促销信息。从商业方面来说,垃圾短信是非常不利于维护客户群的。现在网络信息安全系数比较低,虽然政府一直在努力改进,经常打击电信诈骗,但是信息发展很快,光靠打击是没有用的,重要的是应建立起一套有效的机制。我对信息安全在短期内有所改观没有什么信心。"

周先生讲述了自己的经历:"作为一个学生我有切身之痛,因为深受其害。外来的人员可以进入我们学校,这样就会有各种辅导机构、各种理发店、各种健身游泳场馆的人进来推销。可能是我们给他们填了一个表格,之后他们就会给我们打电话;也可能是一些我们的信息在各个App(安装在智能手机上的软件)上面注册登录过。有一些人会通过一些手段获得我们的联系方式,在互联网时代,我不知道现在有什么好的方法可以解决这个问题,但是这个问题真的已经非常严重。我们这些年轻人对网络诈骗看得比较清晰,但一些老人和一些甄别能力差的人就很难看得清,很容易受到伤害。"

2. 治污减霾收效甚微,生态环境亟待提升

北京市的生态安全工作这几年来一直是全国人民眼中的热点问题,虽然取

得了不小的成就，但从调查结果来看，它仍旧属于公众不满意的一个方面。目前，北京市大气污染物中的颗粒物浓度一直居高不下，大气污染仍比较严重，且市区污染明显重于郊区。北京市工业污染源已经实现达标排放，随着治理力度的加大，污染物排放总量也在不断消减，但工业废气排放仍然是市区主要的大气污染源。作为首都，北京市科技产业发达，技术创新能力强，但是生态安全，尤其是水污染以及空气污染是老百姓最希望和最期待能再进一步改善的方面。这也说明了生态环境的恢复不是一日之功，需要北京市各部门持久努力。

受访者认为北京市的生态安全状况虽有提升，但仍未有本质改变。北京的雾霾污染问题比较严重，周先生认为："北京的雾霾现象，已经人尽皆知了。现在我们可以看到政府的努力，但上有政策下有对策。比如说在冬天的时候，你会发现空气质量要比原来好，但是春天的时候要比原来的更差。这是因为北京市规定，一年的空气质量必须达标一定天数或者是说不达标不能超过一定的天数，所以一些污染企业在一年的末尾要收缩生产。但是，那些工厂毕竟要营业，不能长时间不排放，所以到春天空气污染反而会更严重，因为这一年开始重新计天数了。我觉得这个问题一方面因为经济发展非常重要，生态环境问题虽然现在也被提上了日程，但是并没有得到根本的改观。在这样的情况下，对生态环境短期得到根本改观，我不抱大的希望。"

三、北京市城市公共安全问题的具体表现

城市公共安全现状关系到政府决策、公共政策、社会治理、居民生活、社会稳定等多个层面。通过研究城市公共安全问题，突出显性问题和隐性问题，可为城市发展营造良好的社会心理氛围并为安全环境建设提供参考和借鉴。本部分内容主要探究北京市城市居民最关注的、应优先解决的公共安全问题。

（一）北京市城市居民目前最关注的三项公共安全问题

从问题"您觉得哪三个方面的安全状况对于城市公共安全来说最重要?"的访谈结果来看，北京市城市居民最看重的公共安全分项为治安安全、交通安全和信息安全，见图3。在受访者中，有30%的受访者选择将治安安全选作最关注的公共安全分项。

1. 治安安全关系社会稳定，引起北京市城市居民的强烈关注

治安安全关系到人身安全，北京市城市居民对此普遍比较重视。党的十八大以来，以习近平同志为核心的党中央高度重视社会治安防控体系建设并作出

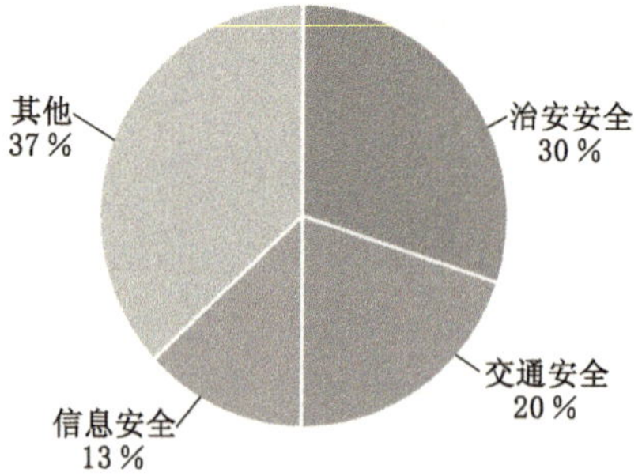

图 3　北京市城市居民最关注的三项公共安全分项

重要决策部署。社会治安大局持续稳定，人民群众安全感明显增强，这与广大公安民警的辛勤奉献密不可分。中国特色社会主义进入新时代，伴随经济发展水平的提升，社会治安也出现了许多新情况、新问题，刑事犯罪呈现明显的年轻化、职业化、智能化，只有紧扣新时代新使命，适应新变化、新要求，才能在更高质量、更高水平上扎实推进社会治安防控体系建设，才能不断适应人民群众对平安生活的新要求，使人民群众安全感更强、更有保障、更可持续。

部分受访者反映北京市的社会治安状况仍有进步空间。周先生认为："社会治安是跟人的生命息息相关的，社会治安直接联系着人身安全。如果社会治安搞得不好，它会直接威胁百姓的人身安全。社会治安关系着社会稳定。北京的社会治安虽然已经做得很好了，但是距离理想的状态还有一些差距。"

相关统计年鉴显示，北京市刑事案件立案数在 2005 年为 107 988 起，2015 年上升到 174 374，近两年同比虽略有下降，但绝对量依旧处于高位。[①] 刑事案件对社会危害极大，维护社会治安的工作刻不容缓。北京市公安局在"向首都市民报告工作"的发布会上介绍，2017 年北京警方共破获当年刑事案件 5.2 万起，依法处理违法犯罪人员 9.3 万人，同比分别上升 24.2%和 5.4%。[②] 可见，北京市警方正加大力度维护社会治安，但由于人口基数大、流动性强，北京市治安形势将面临持续考验，城市居民的治安安全感会因此受到一定影响。

访谈发现，人们对更好的社会治安满怀期待，这不仅因为社会治安直接关系城市居民的人身安全，也因为良好的社会治安是一座大城市的"标配"。受访者大多认为北京市流动人口数量大，因此社会治安还存在一定的隐患，需要政

---

① 来源于《北京统计年鉴 2018》。

② 来源于中国法院网。

府优先加强巩固社会治安。

受访者表达了自身对于治安安全的重视。贾女士认为:“社会治安毕竟是关系到人们切身利益的一方面。如果社会治安不好的话,别的方面再好,大家的生活也不会幸福。”

周先生认为:“社会治安与人的生命息息相关。”对于周先生的观点,郭女士也表示赞同。

郭女士认为:“社会治安最为重要。社会治安直接关系市民的人身安全。最起码要先保证市民的人身安全才可以去保障市民其他方面的权益。”

2. 交通堵塞成为影响北京市城市居民公共安全感的第二大要素

北京市作为全国重要的交通枢纽,无论是市内交通还是市外交通,都负荷着巨大的载客量。相关数据表明,2018 年北京市在全国所有城市中拥堵程度排名第 1。① 北京市私家车众多,虽然实行了限号政策,但是北京市现有的私家车存量仍压得北京交通“喘不过气”。私家车多用于上下班通勤,随之带来的交通问题尤为突出。北京“拉链工程”很多,道路上经常出现翻修、补修的问题,双行道变成单行道,造成堵车,可见,北京市的交通拥堵问题逐年严峻。北京市的交通拥堵情况,已从市中心蔓延到城市沿线,哪怕全市已经有几百万辆的共享单车,也未能有效缓解高峰期的拥堵问题。过多的红绿灯和人行横道造成多次停车,道路饱和度不够,使得通行缓慢。以上种种信息表明北京市在交通安全方面,仍有很大的提升空间。

多数受访者反映北京市交通安全状况亟待改善。家住胡同里的冯先生对公共交通大吐苦水:“对于交通状况我不满意,因为不管你选择何种出行方式,都不能快速到达目的地,出行存在的交通风险太大了。比如说我从家去交道口,按老路走的话,就从帽儿胡同西口出来往南,第一个路口就是交道口,听起来非常容易走过去,20 分钟就能到。可是,帽儿胡同本身的宽度就不够双向车道,再加上胡同的墙边又停了一排车,导致本来就是不够双向车道的胡同变成了单向车道。两边都在走车,所以一边的车要全部倒出这个胡同,另外一边车才能开出去,然后这边车才能再次进来通行。胡同走不了,我就只能去街上走。去街上走就意味着要绕路,就要遇到新的问题,比如说封路、修路,以及一系列的交通管制问题,而且这些问题都是临时的,没有提前通知。经常会有一些公

① 数据来源于《2018 全年交通出行报告》。

交站因受到道路维修影响而到站不停，所以可能从我们家所在的帽儿胡同出来到交道口就要走半个小时或40分钟以上。”

3. 信息安全成了城市公共安全的重要问题

信息安全是受访者普遍希望政府优先解决的一个问题，受访者大多饱受其扰。受访者讲述了自己受到的信息安全方面的侵害，表达了自己对于大数据时代信息安全的现状与未来的看法，为政府治理信息安全问题积极地建言献策。受访者的身份虽各不相同，有律师、学生、社会工作者等，但都表达了自己对于优先解决信息安全问题的诉求，可见信息安全问题已经渗透到社会的各行各业。解决与百姓个人相关性较高的公共安全问题，不仅便民利民，能够提高城市居民的生活幸福感，也能够提升城市的影响力，美化城市形象，营造良好的市场环境。

受访者反映北京市信息安全状况比其他城市更加严峻。杨先生认为：“北京各大信息技术行业，互联网行业的人数比较多，技术在全国范围内处于比较领先的水平。这样的大环境会滋生很多信息方面的不安全事故。比方说，手机号码被泄露出去了，有些人会接到骚扰电话，最多的时候一天能接六七个骚扰电话。骚扰电话大多为卖房子的或者炒股的。比如，有时候因为一些工作需要，你要去某公司采购，需要在网上填写个人信息，这个所填写的信息基本上就被泄露了。一些其他公司就可能根据信息直接查到你的姓名、办公室电话等，就会有人打电话来推销产品。从这种不知不觉地泄露个人隐私的情况来看，市民还是比较担心信息犯罪会越来越猖狂。比如说账号被盗用，或者说支付密码被盗用，再或者说手机或者电脑上出现了一些病毒等，这些都很有可能出现在自己身上，而且我们没有招架之力。”

随着信息科技的崛起，网络安全问题日益严峻。国家信息中心信息与网络安全部与瑞星联合发布的《2017年中国网络安全报告》指出，2017年瑞星共截获5 003万个病毒样本，病毒总数较2016年上涨15.62%，北京市病毒感染3.01亿人次，排名全国第一。① 2018年北京市警方破获本市及全国电信网络诈骗犯罪案件近1万起，抓获犯罪嫌疑人2 000余名，同比分别上升30%和10%，同时冻结涉案账户87万余个，冻结涉案资金21亿余元，人民群众财产损失同

① 数据来源于《2017年中国网络安全报告》。

比下降12%。[①] 以上数据显示信息犯罪极大地影响着城市居民的日常生活，政府在坚持重点打击以外，还要多措并举完善防控系统、打击手段，对发案量较大的像网络招聘、购物异常、贷款类诈骗等要持续打击、加强治理，以最大工作力度护好老百姓的“钱袋子”。

（二）北京市城市居民关注的城市公共安全问题剖析

1. 关乎人身安全，社会治安形势受到公众密切关注

总体而言，北京市的社会治安形势保持了平稳可控，治安案件、刑事案件数量相对平稳，群众安全感稳步提升，公众关注的治安问题逐步向深层次的城市安全问题转变。随着国家政治中心、文化中心、国际交往中心和科技创新中心等城市战略定位的进一步落实，北京市的社会治安防控体系建设和平安北京建设工作进入关键性的建设阶段，社会治安环境进一步得以优化。

尽管北京市治安形势保持稳定有序，但公众对于治安安全仍较为关注。究其原因，社会治安问题是社会各种矛盾和消极因素的集中反映，必须依靠全社会的力量，运用多种手段进行综合治理。而且随着时代的发展，治安问题在新时期、新形势下也会产生新的变化，只有对其持续关注，全面加强社会治安综合治理，把打击和预防、治标和治本结合起来，才能既“截流”又“去源”、既“斩草”又“除根”，才能从根本上逐步把违法犯罪和治安问题减少下来，从而确保社会治安的稳定。

部分受访者表达了对于北京市治安安全的担忧。有的受访者反映：“尤其是北上广深这种大型中心城市，各方面的资源都会不断向城市去集中，人员也是。北京市的人口越来越多，人口一多出事情的概率也就更大了。毕竟北京市确实是太大了，警察再多，他们的精力也是有限的，治安方面难免出现一些小的问题，我还是比较关注这方面的。”

武女士说：“对于北京市的治安安全，我是既担心又放心。一方面我觉得城市越大，治安事件发生的概率也就越大，大的不敢讲，小偷小摸或者打架斗殴之类的小型治安问题还是会出现很多的。另一方面我又觉得对此很放心，因为北京市毕竟是首都，北京市的治安形势肯定是国家尤为关注的，大的问题肯定不会有。在这种情况下，我对北京市治安安全会保持高度关注的。”

2. 日常出行拥堵，城市交通安全得到公众广泛关心

2018年是城市安全隐患治理三年行动的第一年，北京市以预防交通事故、

---

① 数据来源于人民网。

缓解交通拥堵为中心，持续深化开展“治堵、治乱、治祸”，推进全年各项交通安全工作。由于北京市交通领域仍存在诸多问题，故公众对于交通安全尤为关心。在交通领域的问题中，超标电动自行车和“老年代步车”违规生产、销售、使用等问题较为突出，由此也引发了一系列交通安全问题，如外卖骑手车速过快的问题即是由电动车非法改装、超过限速标准所致。此外，电动自行车、低速电动车、城市停车的执法难题和网约车、共享单车、共享汽车等新业态快速发展带来的管理问题也较为严峻。交通安全是一个整体，无论是机动车、非机动车的行驶问题，还是行人自身的危险出行行为，都将导致城市整体交通安全的恶化。因此，公众对于交通安全的相关问题都较为关注。

受访者对于北京市交通安全仍存疑虑。张先生表示：“我很关注交通安全，因为我每天都在开车上下班，北京市的交通拥堵问题就不用说了。当然，我们也要理解，北京的人和车实在太多了，拥堵是难免的事情。不过拥堵带来的不仅仅是出行时间增加的问题，交通安全也会受到影响。有一次我去上班的路上堵车的时间实在太长了，导致我走了神，一不小心剐蹭了前车。”

李女士认为：“交通安全问题应该优先解决，有些安全虽然重要，但日常生活接触相对少一些。我认为交通安全与人们生活的关系更紧密一些。我现在每天送小孩去上学，道路拥堵是常态。在走路的时候经常会遇到一些外卖骑手车速过快的问题，这个问题我觉得在现在这个时代是越来越严重，挺让人不放心的。我认为交通安全是公众最迫切希望政府去解决的问题，政府应把交通安全搞得让公众放心。”

3. 个人隐私受侵，信息安全保障使得公众愈发担忧

随着经济社会的发展进步，社会中的方方面面愈发朝着信息化转变。信息时代给公众生活带来大量便利，但同时也给个人隐私和信息安全带来大量风险。电信诈骗、身份信息被盗用、陌生推销电话、骚扰短信等问题日益严重，扰乱了公众的正常生产生活秩序。长此以往，将给社会带来安全隐患，影响和谐社会的构建，加剧社会信任危机。因此，受访者对于北京市信息安全较为关注。

公众的个人信息泄漏是多种因素综合作用的结果。一方面，无论是线下办理业务、参与活动、购买商品，还是线上使用各种软件，个人信息无时无刻不被收集着。受到巨大经济利益的驱动，不法分子会将公众的个人信息进行买卖，导致公众个人信息多次泄漏，由此可能产生各种安全问题。另一方面，部分公众对于个人信息的保护意识还不强，给个人信息被盗取埋下隐患，也给不法分

子留下可乘之机。但同时也要认识到，公众对于信息安全的关注，不仅反映了北京市信息安全问题值得政府投入更大精力进行治理，也反映出公众信息安全意识的日益提高。

受访者认为北京市信息安全仍有进步空间。赵先生表达了自己的看法："信息安全问题确实已经成为一个严重的问题了。我现在拿出手机给你看，通话记录随便一翻，每天都有很多推销电话打进来。而且我比较在意的一点是，有很多推销电话直接知道我的姓名，这就很可怕了。如果我的姓名、手机号，甚至住址对方都能够知道的话，这就是一个很严重的问题。现在他们窃取公民的相关信息大多是为了推销商品。公民的个人信息如果是被不法分子拿到，想做些坏事就太容易了。我对信息安全最关注，也对北京市的信息安全最不满意。虽然政府在打击电信诈骗等一些大的信息安全问题上所做的工作和努力大家有目共睹，但是在这些日常的骚扰短信、推销电话、小规模的信息泄露和信息买卖问题上，我不知道是不是因为问题体量太大了，还是案件级别太小了，不太能感受得到政府所做工作的具体效果。就北京市目前的信息安全形势来看，信息安全仍有进步的空间。"

四、提升北京市城市公共安全的有关建议

对于北京市政府如何解决相关公共安全问题，受访者从城市居民个体、政府或者本地企业的角度，提出了众多较具建设性的宝贵建议。总体来看，受访者提出的建议可以归纳为以下六个方面：

（一）加强城市公共安全宣传教育，引导城市居民参与

在我国城市的发展与建设过程中，良好的城市公共安全氛围是政府各项工作的目标，同时也是城市公共安全的重要社会基础。在加强城市公共安全的工作中，有力的宣传教育是政府的首要任务。在本次访谈过程中，众多受访者提出城市公共安全不是政府的"独角戏"，它需要良好的宣传教育和广大城市居民的共同参与。结合访谈情况，这种宣传教育和参与活动集中在三个方面。第一个方面是国民基础教育中加入安全教育特别是城市公共安全教育；第二个方面是政府、企业和公民整体安全意识的培养；第三个方面是贴近广大城市居民生活的生态、交通、信息等方面安全意识的形成。

受访者认为应通过宣传教育引导城市居民参与公共安全。家先生认为："政府应该负责开展继续教育活动，提高全民的科学文化水平和思想道德水平，

提升整个国家的人口综合素质。这样城市居民特别是一些老人就不容易受骗，会减少政府很多工作，也是解决问题的根本所在。”

刘先生认为：“政府首先应该加强宣传，每个人自己也都有义务去保证自己的安全，并且不能去侵害别人的安全。但是这种安全意识好多人在很多时候还是比较淡薄的。有很多人是顾着自己的安全，就不顾别人的安全；或者只顾自己的事情，而把别人的安全放在次要的位置。我觉得这种思想和心理都需要更多的宣传工作加以正确引导，这是政府在宣传教育方面需要做的。”

苏先生则表示：“希望政府在发展经济的情况下，加强生态方面的宣传。发生生态问题不能全依赖政府的宏观治理，应从我做起，从一点一滴的身边小事开始，既节能减排，也会有好的生态环境回馈给我们。”

陈先生表示：“希望在政府的倡导下，大家都能多乘公共交通工具出行，少一点私家车的尾气排放。”刘先生认为：“在信息安全方面可以加大科普，提高市民的甄别能力与防骗意识。”

（二）完善公共安全立法，提供安全法制保障

公共安全领域完善的法律法规、规章条例能够为北京市的城市公共安全提供有力保障。健全的法律体系不仅体现为相关法律的数量多少，而且体现为法律覆盖城市公共安全基本面之后有无及时修订更新、能否做到公平严格执法。这也恰恰是此次北京市城市公共安全深访中受访者意见、建议的归纳与总结。总的来看，受访者在提高法制保障方面的思路集中在三个方面：一是城市公共安全立法情况；二是相关法律法规的修订更新情况；三是法律法规的执行情况。从中可以看出受访者对于北京市城市公共安全法制建设有着较为科学全面的认识。

受访者认为应加强公共安全立法。许先生认为：“政府应加强网民的隐私安全保护力度。信息安全方面的立法有所欠缺，政府应加强立法。”赵先生认为：“法律要不断地完善。”

周先生认为：“一方面国家法律要跟进，另一方面企业要有社会责任感。我们必须要防患于未然，不能等到事情出了之后再解决。国家一方面应立法，另一方面要对那些泄露信息的企业进行严惩，以儆效尤，让其他企业不敢随便逾越法律的边界。”

方先生认为：“食品安全方面，只要各个企业都严格执行相关规章制度，食品就是安全的。现在电视每隔一段时间都会报道食品有问题。在报道之前食

品都已经上市,有时候甚至都已经过去好多年了。为什么这么久都没有人查出来,要过了好久才有人知道呢?这是因为我们国家制定了这些规章制度,但执行不到位,所以才出现这么多漏洞。所以政府应该制定更严格的规则,提高执行力。一味地强调制定更多的法律并不是解决问题的根本办法。”

武女士认为:“谈到生态安全,这方面法律法规还是比较欠缺的,而且政府应落实这方面的法律法规,让更多的人知道相关法律法规。”

(三)强化专项安全监督,依法加强管理

政府监管是公共政策中的重要话题,也是公众最为敏感和关心的政府行为。合理合法的政府监督管理、管制行为对于规范企业生产、引导公众行为都具有重要意义。受访者倾向于把食品、公共卫生、交通等领域的安全问题归咎于政府监管的缺失或不到位,对政府执法行为缺乏真正的了解。这对于政府解决城市公共安全问题来说是一个隐性的障碍,如何回应公众质疑、将监管工作落到实处并产生实效是当下北京市政府应该思考的问题。同样,如受访者建议的这样,政府强化专项监管对于解决相关问题、回应有关质疑也具有重要意义。具体来看,受访者对北京市政府加强监管的领域集中在食品安全和交通安全两个方面。

受访者认为应加强安全管理及监督。贾先生认为:“在食品安全方面,政府应加大监管力度,起码得让食品安全有所保证,这样公众心里才有底。”

贾女士认为:“在食品安全方面,政府应加强管理,食品安全相关法律里并没有对外卖行业有一个很详细的规定,也缺乏一个好的监管机制。信息安全方面,网络监管要做到位,包括对一些垃圾信息的处理以及对个人隐私的保护。”

常先生认为:“在食品安全方面,政府应该从源头上进行管控和治理。比如说对养殖场,或者是一些化肥农药的使用情况,需要政府加强监管。政府还应该在查出问题之后进行严厉处罚,比如说电信管理部门或者是其他的一些政府部门,对于一些伪基站或者是电信诈骗等情况进行严查,对这些有过电信诈骗或者是倒卖个人信息的人应加以严惩。”

涂先生认为:“政府对一些重大风险要制定一些强制性规范。比如说,生态安全方面,关于机动车尾气排放的限量标准,政府可以制定一些强制性规范。政府应该在建筑施工上要求施工队更加注意扬尘的规避并制定一些细则。在交通安全方面,对于非机动车应专门进行规范。”

张女士认为:“政府在生态安全方面应起更大一些的作用。如果国家继续

以高压态势去监管某些高污染工厂,咱们的生态环境肯定会越来越好。”

(四)合理加强城市安全规划,提升设施安全科技水平

城市公共安全的立足点应落到城市基础设施建设和城市规划布局方面。在城市规划建设过程中,合理利用专家力量和科技手段是从源头上减少城市公共安全问题的一个重要工作抓手。受访者充分注意到专家“外脑”和科技手段的支撑辅助作用,也提到了要在城市公共安全具体方面运用好这种辅助力量。这些发挥辅助力量的建议集中在城市整体规划设计、交通安全、信息安全等方面。

受访者认为应以科技手段提升城市安全规划。杨先生认为:“在应对各城市公共安全分项问题时应该听取相关专家的意见。比如在生态方面可以把北京市的行道树换一下,不要用现在的杨树和柳树。因为每到3月份,杨絮柳絮满天飞,好多人因此而过敏。在城市规划方面,因为北京市的城市规划要考虑到历史遗存因素,最初设计的容纳量可能没有现在这么大,并且人口还会增长。所以这方面应考虑怎么合理规划,才既能解决现在的问题,又能不牺牲现存的优势。”

侯先生认为:“政府在交通方面应完善现有道路布局,对市政设施做一个改造与完善,把一些功能区都从中心往外疏散。”

赵先生认为:“在信息安全和电子政务方面,应该升级系统,重新设计,确保在信息化时代政府不掉队。”

(五)创新相关政策举措,灵活解决各项公共安全问题

城市公共安全问题的解决要在原有政策实践的基础上实现渐进式改革与创新,这既符合我国城市的基本情况又利于不同城市公共安全问题的改善。因为原有城市公共安全政策已经涉及相关问题领域,但在具体操作执行层面存在一定的梗阻,减小了城市公共安全政策的预想效果。在解决城市公共安全问题的过程中,往往要对原有政策举措进行创新,消除政策执行中的梗阻。不是单纯机械式执行,也不是选择式执行,而是在结合北京市城市发展具体情况的前提下以灵活的方式解决公共安全问题。

受访者认为应采取更加灵活的措施解决公共安全问题。郝女士认为:“应该把人口登记工作先做好,因为社会治安问题不可避免地与外来人口有关,所以说健全人口登记制度会使相关情况有所改善。”

张先生认为:“应该提高养老福利,提高最低生活保障金,或者出台一些针对老年人的优惠政策,比如说老人可以免费出入特定场所等。”

刘先生认为:“政府应该出台一些地方性政策,可以是激励性政策或惩戒性政策。”

王先生认为:“社会保障和公共场所设施方面我们国家做得很好,但是政策还不细化,政府还要使政策更细化。”

在社会保障方面,受访者希望把社区建设好,建立完整的服务标准化体系和合理化、科学化的社区体系。张先生认为:“城乡接合部是每一个城市的管理难点,政府应该从基层社区开始,加强城乡接合部的基础建设,加强社区工作人员配备,落实好网格化管理。”

(六)重视社会保障安全,促进社会公平发展

一个城市的社会保障水平关乎城市里每个家庭的生存状况。虽然现阶段我国已建立起世界上最大的社会保障体系,但相较理想状态还有一段路要走。在国内,地区经济水平的差异给社会保障水平带来影响,即使像北京市这样的特大城市,在社会保障领域依旧存在或多或少的问题。这些问题在访谈过程中体现得较为明显。结合受访者的观点,相关问题可归纳为:一是社会全员性的福利保障并不令人满意;二是民生重点领域,如住房、教育、医疗成本较高;三是老龄人口生活照料存在问题。可见,推进北京市城市公共安全工作要重点解决好公众最为关注的问题,同时这些问题的解决对社会发展也具有重要意义。

受访者认为政府应更加重视社会保障安全。张女士认为:“政府应该对儿童的教育多投入,因为儿童是祖国未来的花朵。在医疗方面,儿童容易生病,儿童看病也挺难,因此希望政府扩建一些儿童医院,发展儿童医疗或者是宣传一些儿童相关的医学知识给年轻的父母。这些工作可以社区为单位或者是以公司为单位来进行。另外,北京的房价真的是太高了,现在买不起房子的人太多。”

娄女士认为:“城市公共安全问题要从根源找原因。之所以容易发生社会治安问题,就是因为人们经济水平有较大差距。例如,有些人没有钱,在社会上受到不平等、不公正的待遇,去干报复社会的事情。人们希望可以营造出一个充满爱的社会。政府应努力缩小收入差距,使大家获得满足感、尊重感。”

有受访者认为:“在社会保障安全方面,政府应该加强对养老院的规范经营。经常有报道称,养老院有虐待老人或者其他各方面的不良行为。实际上,

养老院应搞得正规一点，国家也应出台相应的规定，这样大家对养老院的状况便一目了然。例如，养老院可分级为一星级到五星级，人们就可以根据自己的退休工资进行选择。我的收入比较高，我喜欢五星级的舒适度，喜欢高质量的服务，我就住五星级的；我的收入低点，我就选择一星级的或者快捷的。”

孙先生认为：“政府应该增加住房保障，应该多提供一些廉价的出租房，为外来务工人员提供保障，最起码让务工人员有住的地方。租房负担不能太高，要不然外来务工人员没法过日子。增加了住房保障，这样对社会保障和社会治安都有利。”

成　都　篇

访谈时间： 2018 年 9 月 28 日—10 月 4 日

访谈地点： 金牛区、青羊区、武侯区、都江堰市

访谈人员： 琚子　陈婷

成都是四川省的省会，也是全国 15 个副省级城市之一。成都地处四川盆地西部，青藏高原东缘，山水俱全，自然风光绮丽，旅游资源得天独厚。成都属亚热带季风性湿润气候，热量充足，雨量丰富，四季分明，雨热同期。成都是全国著名的重点风景旅游城市，自然景观十分丰富。成都具有悠久的历史，文化积淀极其深厚。① 成都市下辖 20 个区(市)县，2018 年常住人口为 1 633 万人，地区生产总值 15 342.77 亿元。②

一、调查背景

习近平总书记指出：公共安全事件易发多发，维护公共安全任务繁重，各级党委和政府要高度重视公共安全工作，牢记公共安全是最基本的民生的道理。近年来，频发的公共安全事件严重威胁我国城市的发展，维系城市公共安全日益成为我国城市谋求经济社会发展过程中不可忽视的问题。中国矿业大学依托“中国城市公共安全管理智库”这一平台，采用深访的形式，在全国各大城市实施社会调查，目的是深度挖掘城市居民对所在城市公共安全的感受和体验，为后续城市公共安全研究提供第一手资料。

经过前期的调查培训，相关访谈人员对此次成都之行进行了认真详细的规划。此次谈访共历时 7 天，从 2018 年 9 月 28 日至 10 月 4 日，访谈地点选在成

① 来源于成都市人民政府网站。

② 数据来源于《成都统计年鉴 2019》。

都市金牛区、青羊区、武侯区和都江堰市。

在40位受访者中：从性别上看，男性受访者有20人，女性受访者有20人。从年龄上看，18岁以下的受访者有2人，18～30岁的受访者有31人，31～45岁的受访者有3人，45岁以上的受访者有4人。从职业状况方面来看，学生占比最大，达50％；上班族次之，占比45％；已退休人员占比5％。总体来看，此次受访群体在性别、年龄及职业状况方面的选择较为科学，并未严重失衡。

二、成都市城市公共安全评价

城市是人类生活的主要场所，城市公共安全建设与每一个城市居民息息相关，而成都市的城市公共安全不仅可以有力反映城市公共安全的建设状况，也可以促进城市公共安全的不断完善，促进城市在社会、经济和生态环境方面的长足发展，最终实现人与城市和谐共处。本次深访在了解城市公共安全发展总体状况的基础上，对成都市的公共安全调查做了针对性的访谈提纲，认真了解了成都市城市居民对于成都市公共安全建设的感受和体验，力求全面地体现出成都市的公共安全现状、存在的问题和面临的挑战，并对存在的主要问题提出一些针对性的意见和建议。调查发现，如果一个城市的居民安全感强，那么就意味着该城市的居民对社会公共安全的满意度高；反之，亦然。

（一）成都市城市公共安全整体评价

公共场所设施安全、自然安全和公共卫生安全位列最令成都市城市居民满意的公共安全状况前三名，见图1。在40位受访者中，25位受访者对成都市的公共场所设施安全状况比较满意，25位受访者对成都市的自然安全状况感到满意，23位受访者对成都市的公共卫生安全状况感到满意。成都市城市居民对这三个方面的满意状况体现了成都市政府为了城市公共安全状况而在公共场所设施安全、自然安全和公共卫生安全方面所做出的不懈努力。

虽然成都市城市居民对成都市的公共场所设施安全、自然安全和公共卫生安全状况比较满意，但同时，这次调查的结果也暴露出成都市公共安全状况的一些短板问题，说明成都市的公共安全状况有待改善和提高。由图2可知，令成都市城市居民不满意的公共安全状况前三名分别是信息安全、生态安全和交通安全。在40位受访者中，有26位受访者表示对成都市的信息安全感到不满意，22位受访者表示对生态安全感到不满意，17位受访者表示对交通安全感到不满意。成都市城市居民对于成都市的信息安全、生态安全和交通安全方面的不满意体现了政府在城市公共安全管理的某些方面尚存不足。

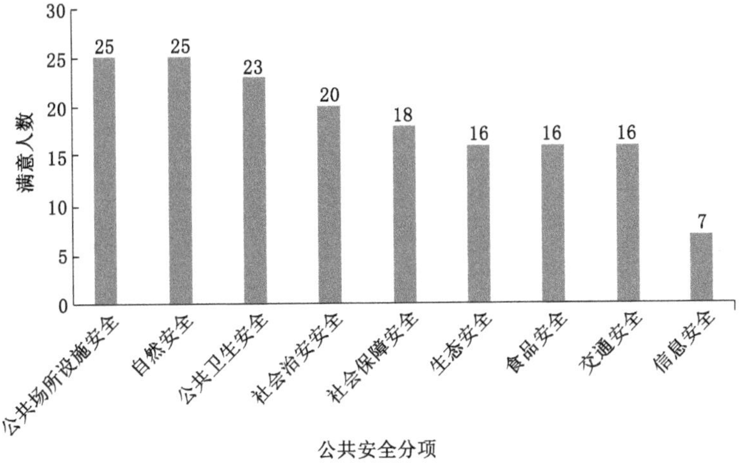

图 1　令人满意的成都市公共安全状况

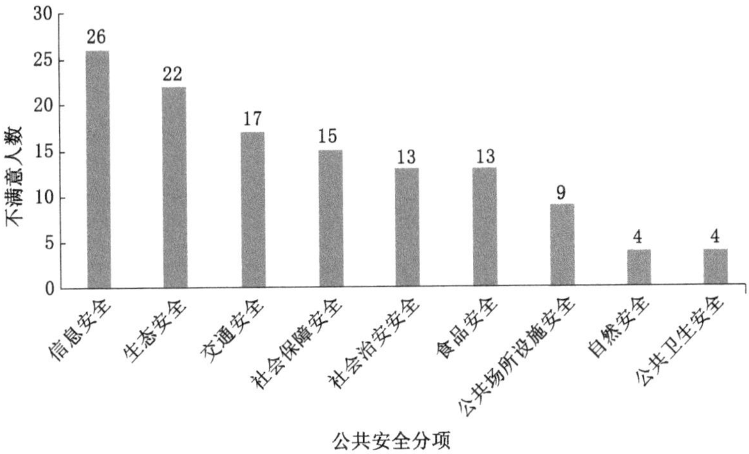

图 2　令人不满意的成都市公共安全状况

（二）成都市城市公共安全分项评价高的原因

受访者对成都市公共安全状况比较满意的方面主要集中在公共场所设施安全、自然安全以及公共卫生安全方面。成都市的公共场所设施配备比较齐全，政府也注重加大警力投入，及时消除公共场所的安全隐患。虽然成都市受地震影响较大，但成都市政府非常重视防灾减灾机制建设，不断提升对自然灾害的监测预警能力，有效减轻了灾害损失。另外，在公共卫生安全方面，成都市一直扎实推进基本公共卫生服务项目工作，构建起基本公共卫生服务长效投入机制，为提高城市居民的安全健康状况而持续努力。

1. 公共安全设施日趋完备，警力投入不断加大

城市里的公共场所能否配备完善的安全设施，不仅关系到每一位城市居民的生命安全，而且也关系到城市公共安全服务体系建设。成都市的公共场所设施配备非常齐全，消防栓、消防通道、指示牌按规定配备和建设，定期更换，并且比较先进，火灾隐患较小。成都市政府在公共场所设施方面非常重视，当公共场所设施存在问题时，会及时查处，排除隐患，将隐患及时扼杀在摇篮中。完善齐全的公共设施，即使出现问题，也可以尽量减少或避免大型灾难的发生。在大型节日期间，成都市政府在人员密集的公共场所加派警力，每天派出三分之二的警力在岗，对成都市所有的景区、商圈、重要街道等进行值守，加大巡逻次数，及时排除公共场所的安全隐患。

受访者表示成都市的公共场所安全设施配备齐全，很少出现问题。谨先生表示："成都的公共场所设施是最让我满意的。一方面，我看到成都的一些社区，五六个社区附近必定会有一个消防机构，至少会配备有一辆消防车，社区的楼道里也会配备消防设施，这让我觉得很安全。另一方面，我在一些商场或公园这些公共场所中，也看到基础设施比较完备。比如说，成都的这些商场里会非常明确地标注火警、消防通道等，附近也有保安在巡逻，有效加强了安全防范。我基本上不会担心成都的公共场所安全设施方面的问题。当我去一个新地方时，我会观察消防通道、安全指示牌等这一类标识，毕竟消防方面的安全防范意识还是蛮重要的。"

2. 政府防灾机制日渐完善，城市居民安全意识不断提高

成都市受欧亚地震带影响较大，地震灾害频发。自汶川地震过后，成都市相关部门不断健全防灾减灾救灾机制，加强风险管理能力建设，提升自然灾害监测预警能力，建立起山洪地质灾害预警系统和防汛预警系统，加强防灾减灾宣传教育，努力提升公民的防灾减灾知识和技能，在灾害发生时，相关部门快速反应，及时救援，努力将灾害造成的损失降至最低。

受访者对成都市相关部门采取的防灾应急措施表示满意，对自然灾害没有过度担忧。张女士表示："成都市的灾害预警机制比较完善。在汶川地震过后，我看到成都市的一些部门加强了对地震灾害的防治，房屋不断得到加固和修缮，大部分房子可以抵御8级地震。之前我上学的时候，学校也常常进行应急

演练，教给我们一些基本的应急防范知识，我对此还是挺满意的。另外，成都的排水系统也挺好的，虽然暴雨季节路面会积水，但是政府的灾害救援比较及时，不会造成很大的经济损失和人身安全，排水系统总体上还蛮好的。”

3. 基本公共卫生服务全面覆盖，卫生安全状况明显改善

近年来，成都市以实现人人享有基本医疗卫生服务为目标，统筹规划，大力推动城乡基本公共卫生服务均衡发展，面向不同的服务对象，提供预防接种、孕产妇与儿童健康管理、老年人管理等多种服务，实现了国家14项基本公共卫生服务项目全覆盖，新增慢性病患者健康管理中医干预，老年人肺炎疫苗接种补助，艾滋病病毒感染者随访管理等项目。同时，成都市政府积极构建基本公共卫生服务长效投入机制，基本公共卫生服务项目人均经费逐年提高，2017年人均经费达到61元，较国家2017年经费标准(50元/人)高了11元。基本公共卫生服务项目的开展有助于预防和控制传染病和慢性病的发生和流行，建立起了维护城市居民健康的第一道屏障，对提高城市居民健康有重要促进作用。

受访者对成都市的公共卫生安全状况表示满意，认为成都市的基本公共卫生服务覆盖全面，公共卫生安全状况有明显改善。吴小姐讲述了自己的亲身感受：“成都市提供的公共卫生服务挺好的，尤其在疫情防控方面，处理得很及时。上半年遇到过一次手足口病，幼儿园小孩比较多，我家小孩就被传染了。幼儿园采取措施及时、得当，医院治疗效果好，孩子很快就痊愈了。另外，学校和社区会经常开展体检和防疫活动，例如我奶奶就经常可以去体检。所以我觉得目前成都市的公共卫生安全方面做得还是比较好的，至少卫生防疫的覆盖面比较广，对老人、小孩的健康状况都比较重视。”

（三）成都市城市公共安全分项评价低的原因

在本次调查过程中，虽然成都市城市居民对于成都市的公共场所设施安全、自然安全和公共卫生安全持有满意的态度，但是也有很多受访者对于成都市的信息安全、生态安全和交通安全表示不满，认为这几个方面的问题较为突出，亟须改善和提高。

1. 骚扰电话横行，个人信息泄露严重

在信息安全方面，大数据时代的到来，加速了互联网技术及应用的发展，但同时也使网络信息安全面临极大的挑战与威胁。大部分受访者表示自己曾经历过电话骚扰、电信诈骗、个人信息遭到泄露的事件。网络信息安全问题突出，网民的个人信息被肆意泄露，不仅损害了互联网用户的切身利益，同时也暴露

出政府在信息安全方面的监管漏洞。政府监管乏力,缺少严格的法律法规制裁,这是网络信息安全出现危机的主要原因。

很多受访者表达了自己对于信息安全的担忧,认为个人信息已经遭到了严重泄露,因为他们经常接到骚扰电话,这些电话显示对方对自己的个人信息了如指掌,所以受访者非常担心个人信息的暴露会给自己带来经济方面的损失。杨小姐讲述了自己曾经遭遇过的电信诈骗事件:“我对成都的信息安全状况非常不满意,因为我经常接到一些推销类的骚扰电话,而且也经历过电信诈骗事件。有一次我接到一个电话,说我买的一个东西甲醛含量超标,要进行回收,这个电话还主动要求对我进行赔偿,我当时候想说不用赔偿了,但是这个店家就一直坚持要进行赔偿,不然会影响到商家的信誉,让我扫一个二维码,这样就可以把钱转给我。结果我扫了之后弹出来的是一个页面,那个商家说让我输入验证码‘1200’。结果我输完之后,就收到银行的通知短信说我的账户被扣 1 200 元。这件事情让我对成都的信息安全非常不信任,从那以后我就特别注意对个人隐私的保护,不会再轻易扫描二维码。感觉人有时候为了贪小便宜可能会给自己带来更大的损失。”

2. 雾霾污染严重,环境质量堪忧

在生态安全方面,不少受访者表达了自己对成都市生态环境的担忧,这种担忧主要体现在成都市的空气质量方面。在大多数人的印象里,成都市一直是一个拥有青山碧水的环境卫生城市。可是近些年来,随着成都市大规模地进行地铁工程建设,环境问题变得愈发严重。冬天,建筑扬尘与汽车尾气进行混合反应后集聚在成都市区,再加上成都独特的盆地地形,更不利于污染物的扩散与稀释。很多受访者表示成都市这两年的雾霾污染特别严重,冬天出门的时候会选择戴上防霾口罩。雾霾对于一些老年人和小孩的危害巨大,很容易诱发一些严重的呼吸道疾病和心脑血管疾病。而且雾霾天气的能见度非常低,出门开车必须非常小心,否则很容易发生交通事故。受访者反映,成都市的雾霾天常在冬天出现,并且持续时间很长。

根据这两年的雾霾污染情况来看,受访者认为成都市相关部门采取的措施不力,城市居民的健康得不到有力保护。张小姐认为:“我对成都的空气质量不太满意,成都的雾霾比较严重。地铁这两年一直在施工,施工会造成扬尘,对雾霾天气的产生应该也有一部分影响。另外,我觉得可能化工厂也是一个主要的空气污染源。成都春夏季节的空气质量还是不错的,但是一到冬季或是秋冬季节交替的时候空气就会变得很差。我记得彭州那边有个石化工厂，离成都不是很远，当时很多人都反对开设化工厂，结果后来还是开了，这可能也加剧了雾霾天的持续。成都的水质量没有以前好了。水污染也变得比较严重。”

3. 交通部门执法不严，非机动车不守交规

在交通安全方面，随着城市化进程的加快和经济总量的扩大，成都市城市规模迅速扩大，中心城区人口、机动车及非机动车急剧增加，由此带来了严重的交通拥堵问题，成都市的交通形势十分严峻。另外，成都市区的很多非机动车辆不遵守交通规则，占用机动车道，甚至乱闯红灯，这不仅容易造成人员伤亡，而且也会加剧城区的交通拥堵。

针对近些年来成都的非机动车辆呈现迅猛增加的趋势，大多数受访者表达了自己对非机动车缺乏约束和管理的担忧，认为交通部门进行严格执法并加强对非机动车辆的约束与管理，对解决交通拥堵问题更为重要。程小姐认为：“交通安全最大的隐患在非机动车方面。非机动车本来应该在非机动车道行驶，但有些电动车经常占着机动车道而且乱闯红灯，速度也挺快的，存在较大的安全隐患。有一次我亲眼看到有一辆电动车闯红灯，把过马路的老人直接撞倒，特别吓人。我感觉交通部门在这方面的管理还不是很严格，也没有相关的规定来进行管理，所以这些不遵守交通规则的电动车才这样不守交规。另外，我觉得成都市堵车特别严重，尤其是在中秋、国庆、元旦这些大型节日期间，城区内有些地方堵得不成样子，要等很久道路才能畅通，所以成都的交通状况还是挺让人担忧的。”

三、成都市城市公共安全问题的具体表现

城市公共安全是一个城市在政治、经济、文化、社会、生态环境、居民人身健康及资源供给等方面保持一种动态稳定的和谐状态。城市公共安全建设不仅关系城市未来的发展与安全，而且也与每一个城市居民的生存息息相关。通过深入调查城市居民最看重的本地公共安全问题，可以清楚了解城市居民对本地公共安全状况的认知与想法，而且还可以为政府制定针对性的政策提供参考，从而为增进城市居民的安全感而努力，共同建设一个更为美好的城市。本部分内容主要探究成都市城市居民最关注的、应优先解决的公共安全问题。

（一）成都市城市居民最关注的三项公共安全问题

通过设置“您觉得哪三个方面的安全状况对于城市公共安全来说最重要？”

这一问题,受访者表达了对于该问题的不同看法。通过整理受访者的回答可以发现,他们认为最重要的城市公共安全问题是与公众日常生活息息相关的,主要集中在食品安全、治安安全和交通安全三个方面,占比分别为21%、20%和12%,见图3。

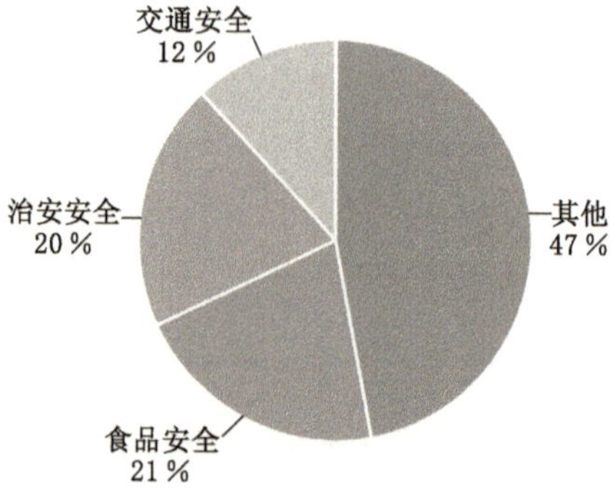

图3 成都市城市居民最关注的三项公共安全分项

1. 食品监管存在漏洞,卫生状况有待提高

民以食为先,食以安为先。食品安全不仅是人们消费安全、生活安全和生命安全的前提和基础,更关系到每一个人的生活质量和生命健康。近年来,社会上不断出现关于食品安全的新闻,食品安全逐渐成为备受人们关注的问题。成都市是一个以美食而闻名的城市,这个城市的大街小巷里有着各类美食。对于成都人来讲,食品安全在人们心目中更为重要。成都市虽然一直推进食品安全监管工作,但是由于食品经营主体存在数量多、规模小的特点,还是难以对这些经营主体进行全方位监管。因此,监管工作的缺位、食品卫生问题的产生让公众对食品安全问题予以高度关注。

王先生表示:"成都市的食品安全堪忧,这边的一些火锅店还存在锅底油反复使用的情况,这是很多店以前的一种传统做法。一些火锅店靠'老油'来提味,越煮越香,但是'老油'是很不健康的,吃了容易拉肚子。还有一些路边摊,他们用的油以及各种食材感觉也不是很新鲜,路边摊虽然吃起来味道不错,但是环境卫生和食品卫生却很差。另外,我觉得很多外卖食品的卫生很差,记得在一个类似城中村的地方,那儿专门做外卖,门店很小,里面卫生状况是什么样我不太清楚,但是从外面看反正是不太好。还有一个问题是我一直很担心的,现在对蔬菜打农药蛮普遍的,我很担心农药残留的问题。自己在家做饭还好一点,菜会洗得比较干净,但是在外面吃饭的话,他们肯定不会处理得那么干净。

所以，我希望相关卫生部门能够把这些问题重视起来，把监管力度加大些，让市民吃得放心。”

虽然在食品监管方面尚存问题，但是成都市相关部门也一直在努力。例如，成都市市场监管部门充分利用各种平台（如政府信息公开网站、政务微博和政务微信等），主动公开食品药品安全信息，宣传相关政策法规，为公众普及食品安全知识，与公众进行互动，及时了解和回应公众诉求。据统计，2017 年成都市接到食品、药品类投诉举报、咨询等案件共 26 758 起，受理 26 546 起，办结率100%。① 这些数据反映了成都市市场监管部门在信息公开、食品安全宣传以及解决食品安全隐患方面进行了一定程度的努力，并取得了明显的成效。

2. 治安安全事关社会稳定，引发公众广泛关注

对于一个城市而言，基本的任务之一是维护社会治安，保持社会稳定。只有给公众营造一个和谐稳定的社会环境，才能使各种经济、政治、社会文化活动有序开展，才能增进人民的幸福感和安全感，从而进一步地促进城市的建设和发展。因此，社会治安是公众关注的焦点问题。2018 年 1 月，国家开展全国性的扫黑除恶专项斗争，旨在遏制刑事犯罪高发，增强人民群众的安全感。成都市贯彻中央号召，持续开展扫黑除恶斗争，为维护社会安全作出贡献，这场行动也引起了成都市公众的广泛关注。

2017 年成都市发现的治安案件有 476 973 起，查处 342 653 起，刑事案件破案数为 102 316 起。② 2017 年成都市查处的治安案件和刑事案件破案数均多于2016 年，呈现明显的增加趋势，这些案件虽然基本被查处，但是都在一定程度上威胁社会稳定，扰乱社会秩序，给社会治安带来明显的损害。

胡小姐表示：“成都之前的治安不太好，在一些比较偏远的郊区，很容易发生抢劫事件，而且在人流量较大的商圈、公交车上，小偷非常多，稍不注意，手机和钱包就被偷走了。我之前在和朋友一起逛街的时候，被偷过好几次手机。我感觉现在治安要好一些了，因为最近成都也一直在扫黑除恶，宣传语贴得到处都有，感觉国家非常重视社会治安问题。政府确实是一直在采取实际行动改善社会治安状况。我在逛街的时候，经常看到警察巡逻，隔几分钟就有一趟，明显的感觉市区最近的治安好了很多。”

---

① 数据来源于四川省人民政府网站。

② 数据来源于《四川统计年鉴 2018》。

3. 交通事故频频发生,安全隐患不断浮现

近年来,成都市全社会各种机动车辆以稳定的速度逐年增加,2013 年成都市机动车辆保有量为 338.61 万辆,但是截至 2017 年,成都市的各种机动车辆保有量达到了 494.18 万辆,机动车辆的稳定增长,加剧了成都市城内的道路拥堵。[①] 电动车在成都市城区的迅速普及,一方面便利了公众的出行,另一方面给成都市城区的交通也带来了不小的压力。如何对电动车进行科学合理的管理,使交通变得井然有序,这是成都市政府应该考虑的重要问题之一。

随着经济的发展和城市居民人均收入的提高,城市里汽车保有量呈现不断上升的趋势,而这同时也带来了交通拥堵、交通事故频发等众多问题。据受访者表示,成都市目前在交通方面主要存在两个问题:第一个是交通拥堵,除了放假期间,成都市在早晚上班高峰期间也很容易出现拥堵的情况;第二个是交通事故频发,目前很多电动车不遵守交通规则,行驶速度快,很容易剐蹭到旁边的路人,或者占用机动车道,容易与机动车辆发生碰撞,导致交通事故的产生。交通工具本身应是便利人们出行的工具,现在反而成了人们出行的苦恼和担忧。

谨先生表示:"我对成都的交通不是很满意。一方面我觉得市里对非机动车的管理不严格,现在骑电动车和共享单车的人特别多。很多车辆不遵守交通规则,喜欢抢道、闯红灯,有时候不按铃就唰地过去了,更多的是一些年轻人骑车速度非常快,横冲直撞,有时候在旁边感觉挺害怕的。一旦出现交通事故,会带来惨痛的伤亡。另一方面我感觉成都现在堵车现象还是有些严重,可能与城市道路规划有关。我感觉成都的道路交通状况有待改善。"

(二)成都市城市居民关注的城市公共安全问题剖析

具有不同生活经历、身份背景的受访者对于政府应优先解决的本地公共安全问题有着不同的选择。本部分内容旨在探究影响受访者做出不同选择的原因,并进行深入分析,为科学发现并解决城市公共安全问题提供参考。

1. 基本生活需求是影响受访者选择的首要因素

对于大多数城市居民来讲,衣、食、住、行是他们最为基本的生活需求,是实现其他高级需求的基础,同时也是他们认为最为重要,与自身利益息息相关的几个方面。

以食品安全为例,食品安全关系到每个人的健康,是公众需要特别关注的

① 数据来源于《成都统计年鉴 2018》。

问题。对于作为美食之都的成都来讲，食品安全有着独特的意义，如何在吃得美味的前提下吃得好、吃得健康是成都市食品监管部门应该着重考虑的问题。2017 年成都市餐饮业的企业数已经达到 469 家，从事该行业的人数达 53 086 人。① 餐饮企业数量多、规模小、分布散、污染重、安全隐患多等特点加重了成都市市场监管部门对餐饮企业的管理难度，也引起了公众对食品安全的深切关注。

徐先生表示："政府应该先解决好食品安全问题。民以食为天。每个人每天都要摄入食物，这是最基本的一个生理需求。如果连基本的食品安全都做不好的话，谈论其他的安全保障也没有什么意义了。"

刘先生认为："政府最应该解决的是交通安全问题。大家每天上班、下班时都要乘坐交通工具，这不仅涉及人身安全的问题，而且关系到公众的生命与生活质量。每天都会有大大小小的车祸发生，严重点会要人命，所以我觉得交通安全一方面要靠交警来管，另一方面自己要具备安全意识，要遵守交通规则。"

陈小姐表示："社会治安应该是政府优先解决的问题。因为我觉得社会治安涉及的是一个大环境的问题，作为一个普通的市民，每天要正常的工作与生活，所生活的城市应为居民提供一个安定有序的社会秩序与环境，这样的话平时居民生活也会更有安全感。而且，我觉得社会治安对女性来说特别重要，毕竟女性属于弱势群体，所以保证基本的社会治安是政府首先应该考虑的。"

2. 社会焦点问题是影响受访者选择的重要因素

城市居民每天都会接触到各种各样的社会新闻，这些社会新闻会帮助他们关注社会焦点问题，而且会影响城市居民对自身所处的公共安全环境的态度与看法。这些社会焦点问题以传播速度快、影响范围大、影响力深远而被城市居民关注，并被城市居民延伸至现实生活中来，使他们对身边的公共安全问题予以关注和重视。

以近些年城市居民普遍关注的生态环境问题为例，2016 年，成都市空气质量优良天数比例仅为 58.6%，PM2.5 浓度、PM10 浓度和优良天数比例未完成年度目标任务。大气质量恶化的部分原因是成都市建筑工地扬尘污染问题突出，以及一些重型柴油车和非道路移动工程机械污染严重，秸秆、垃圾焚烧时有发生。2017 年成都市强化各类扬尘治理，持续开展大气污染防治工程，努力提

① 数据来源于《四川统计年鉴 2018》。

升空气质量。2017 年成都市整体环境质量持续改善,空气质量优良天数为 235 天,同比增加 21 天,优良天数比例达 64%,主要污染物 PM10 浓度和 PM2.5 浓度同比分别下降 16.2%、11.1%,如期实现省政府下达的年度目标,超额完成"大气十条"的任务。① 虽然成都市的大气污染防治工作取得积极进展,但形势依然严峻,任务依然艰巨,空气质量改善"靠天"的问题还未根本改变。也许今天空气质量改善了,等污染物累积几天,雾霾污染又会卷土重来。冬季重污染看似气象原因,实则减排不到位,污染物累积所致。成都市城区内的产业结构调整以及人们生产生活方式转变是一个长期的过程。

生态环境的破坏和污染不仅影响整个经济社会的可持续发展,而且对人民群众健康的影响已经成为一个突出问题,必须下大力气解决好。成都市的生态问题也一直受到公众持续关注,亟须环保部门重点解决。

胡小姐表示:"政府应该优先解决的问题是食品安全问题。最近我看到一些新闻报道在讲地沟油的危害。像以前的话,成都的一些小餐馆都会重复利用火锅底油,包括一些街边摊用的油看起来也不太健康,经常吃这类东西的话,肯定是不太健康的。我希望社会媒体能够多曝光这些不良企业以引起监管部门的注意并加大监管力度。"

张先生表示:"成都的生态安全不大好,政府应该优先解决这个问题。最近这两年,空气污染非常严重,主要是这个雾霾天持续时间太长了。夏天还好,冬天一直存在雾霾天。新闻上也一直在讲这个问题,谈雾霾对人体的危害。生态安全确实让人觉得非常担忧。"

周小姐认为:"治安安全一直都是我比较担心的问题,我觉得政府应该优先解决这个问题。因为网上有太多的负面消息,有时候是事件发生之后公安部门处理不及时,有时候是某个地方的滴滴打车又出事了。看到这类新闻,我还是挺害怕的,所以平常生活中也会特别注意治安问题。"

3. 身份背景影响受访者选择

深访调查涉及的访谈者身份背景各不相同。年龄、职业、受教育程度以及对安全知识的了解程度影响着受访者对公共安全问题的态度和看法,从而影响着受访者对政府最应该解决的公共安全问题的选择。

从事食品工作的张先生表示:"政府应该优先解决食品安全问题。现在食

① 数据来源于《2017 年成都市环境质量公报》。

品这个行业有些乱。很多食品制造商为了追求食品的口感，添加一些毫无营养，甚至对人体来说不健康的东西。街边的一些小摊位看起来卫生非常糟糕，城管赶走他们，他们又再回来。政府不对这一块进行严格监管的话，食品安全问题将非常严重。”

另一位进城务工的张先生表示：“政府应该首先解决社会保障方面的问题。成都的社会保障对外来人口的门槛较高，我很担心看病难的问题，外来人口没有医药报销的政策。以前我的右脚因为长时间骑车导致磨损，去医院治疗没有得到医药报销。在成都落户的条件有点高，一般需要先交三年社会保险金，另外还要有房子。对我来说的话，这两个方面都有些吃力。”

四、提升成都市城市公共安全的有关建议

对于一座城市而言，其长足发展主要依靠经济增长和社会进步，但是在这一切的背后，还需要长期稳定的城市公共安全体系的建设和完善，只有城市公共安全得到保障，城市的其他方面才可得到持续长久的发展。在城市公共安全体系建设过程中，政府扮演着重要角色。一方面，政府是城市公共安全体系的重要建设力量，起着领头羊的作用；另一方面，政府也是各类城市公共安全问题的监督者和解决者，为城市公共安全建设添砖加瓦。通过此次对成都市进行深访调查，受访者从自身的生活经历和体验出发，积极为解决成都市的公共安全问题建言献策，表达了自己对城市公共安全建设的热情。根据对成都市受访者观点的归纳整理，解决成都市公共安全问题的意见和建议可总结为以下几点：

（一）加强公共安全宣传教育，提高公众的安全意识

在城市公共安全体系建立的过程中，利用各种宣传手段，向公众普及公共安全知识，多样性、经常性地对公众进行防灾减灾和自救互救等方面能力的培训，定期开展危机应急演练，不仅能够帮助公众认识到公共安全的重要性，而且能够帮助公众在面对危机时有所防范和准备，将公共危机造成的损失降至最低。在这次调查过程中，不少受访者认为政府应该切实加强公共安全宣传教育工作。在宣传教育工作中，政府应该突出重点，寻求创新，让宣传知识真正走进公众心中，真正做到有所收获，有所增益。

在环保部门工作的吴小姐表示：“在保护生态环境方面，政府应该加大宣传力度，提高公众的环保意识。比如说，要大力提倡低碳生活，倡导不乱扔垃圾，认真普及垃圾分类知识。政府在宣传工作中，应注意如何引导公众行动起来，

而不是只注重宣传本身，不应为了宣传而宣传。”

在交通安全方面，胡小姐也认为政府应该加强宣传教育：“政府可以将线上和线下两个宣传途径结合起来，利用目前的政务微博、政务微信对市民普及交通安全知识，线下可以举办一些大型交通安全知识活动，使安全知识深入人心。相对于一些强制性的普及活动，这样的活动可以让市民更容易接受，也更容易落实到实际生活当中来。”

关于食品安全，赵同学表述了自己的见解：“政府的宣传教育只是一方面，我觉得市民自身也要具备一定的自我安全保护意识。比如说，看到不卫生的街边摊，就不要为了‘美味’而去吃。如果吃进去的食物细菌超标，对身体的危害会更大些。平常如果有外出吃饭的需要，尽量选择一些卫生清洁工作做得比较好的餐厅，这样才能吃得放心。”

（二）加强城市公共安全基础设施建设

城市公共安全基础设施建设是城市公共安全体系的物质保障。一方面，政府要不断完善公共场所的安全设施建设，定期查看和检修。另一方面，政府要提高企业、医院、学校、大型商场、文化娱乐场所等人员密集场所的抗灾设防标准，统筹兼顾这些场所的安全性和经济性，定期深入开展地毯式、全方位的公共安全隐患排查和整治工作。合理规划和建设应急避难场所，加强应急物资储备体系建设，科学确定储备物资的品种和规模。不少受访者表示，做好城市公共安全基础设施建设，可以增进公众的安全感和幸福感。

企业职工张小姐表示：“目前成都的公共场所安全设施还是比较完善的，但是某些设施的检修不够及时。像消防栓这一类的消防安全设施，某些部门的检修就比较及时，基本上每月要来小区查看2～3次。但是像小区后门路边的摄像头，坏掉好多天了，都没有相关的部门来换掉它，所以我感觉这一块儿还是存在安全隐患的，希望政府部门能够重视起来。”

事业单位的员工陈先生表示：“目前成都市的公共安全基础设施主要偏重减灾防灾方面，其他方面的公共安全设施可能不太被重视。比如说一些路灯、摄像头、井盖等比较容易被忽视，还希望政府把这些方面重视起来。”

（三）完善城市公共安全法规和标准

注重顶层设计，对成都市的法规体系进行统筹规划，合理布局。一方面，要加强能够体现安全生产区域特点的相关地方性法规建设，形成完善的城市公共安全法治体系。另一方面，要完善城市高层建筑、综合交通枢纽、隧道桥梁、管线管廊、道路交通、轨道交通、燃气工程、排水防涝、垃圾填埋场、电力设施及电梯、大型游乐设施等的技术标准，提高安全和应急设施的标准要求，增强抵御事故风险、保障安全运行的能力。

在政府部门工作的赵先生提出了自己的看法："成都市目前的城市标准化建设还不够，在很多平台、基础设施的建设上缺少一套统一的标准，这样不仅浪费人力、物力，也不利于成都市公共安全建设整体水平的提高。所以，我希望成都市政府能够从整体着眼，对成都市的法规体系进行统筹规划，这样效率更高，城市建设也会更完善。"

（四）加大监管力度，以制度规范督促行动落实

要构建好城市公共安全体系，向公众普及公共安全知识只是一个方面，更重要的是政府要履行好监管者的职责，将监管工作渗透到公共安全的每一个环节；同时制定好完善的制度规章，在进行监管工作时有规可依、有章可循。加强监管力度，将安全工作程序化、严密化，落实好每个行动主体的具体职责，以上是众多受访者在提到解决公共安全问题时的心声。

王先生提出："针对食品安全状况不太好这个问题，我觉得政府首先要加强监管，相关的职能部门要经常展开抽查和检查。对于餐饮行业门槛的准入也要提高，监管那些没有办证的餐饮企业，发现一家就该处置的处置、该撤销的撤销。政府如果不作为、不监管的话，就会有很多问题。"

在交通安全方面，董小姐表示："交通安全方面应加大惩罚力度。我特别希望政府能够加强对电动车的管制，能够出台一些相关的制度，比如说给电动车上牌照，闯红灯罚款之类的措施，这样对电动车的管理可以更加规范。"

（五）构建以政府为核心、社会力量广泛参与的合作治理模式

不少受访者认为，对城市进行公共安全的管理，并不是单单只依靠政府这一个主体力量就能够完成的，即便是一个专业职能部门，要单独完成一项工作也是十分困难的。政府要积极建立并加强城市公共安全管理相关部门之间的联系，要保证各相关部门明确自身在城市公共安全管理过程中所扮演的角色与所肩负的任务。在紧急事件发生时，政府要主动牵头，其他部门要积极响应、密切配合，应以最快的速度消除灾害所带来的影响。

在城市公共安全管理问题上，在政府部门工作的周小姐提出了自己的看

法:“目前的主要问题是协调力度不够。城市公共安全体系的建立是一个大工程,不是单单只靠政府的力量就能做到的。政府要理顺统一指挥和分工协作的关系,明确各部门的职责分工,只有这样才能做到整个公共安全管理体系的建立。”

长 沙 篇

访谈时间: 2018 年 10 月 2 日—10 月 7 日

访谈地点: 天心区、岳麓区、雨花区、芙蓉区

访谈人员: 甘洋龙　于鹏程

长沙是湖南省的省会,是长江中游地区重要的中心城市,是全国“两型社会”综合配套改革试验区、中国重要的粮食生产基地,也是长江中游城市群和长江经济带重要的节点城市。长沙东邻江西省宜春、萍乡,西连娄底、益阳,南接株洲、湘潭,北靠岳阳。长沙是综合交通枢纽,京广高铁、沪昆高铁、渝厦高铁在此交会。长沙位于湖南省东部偏北,湘江下游和长浏盆地西缘,总面积 11 819 平方千米;辖 6 个区、1 个县、2 个县级市,2017 年常住人口 791.81 万人,城镇化率 77.59%。2018 年,长沙常住人口 815.47 万人,成为湖南省首个常住人口破 800 万人的城市。其中,城镇人口 645.23 万人,乡村人口 170.24 万人,城镇化率达 79.12%,居全省第一,地区生产总值 11 003.41 亿元。长沙地势起伏较大,地貌类型多样,地表水系发达,气候温和,四季分明。①

一、调查背景

近年来,我国城市高速发展、持续繁荣。在不断实现现代化和增强经济实力的进程中,我国城市公共安全面临着诸多问题与挑战。随着中国特色社会主义进入新时代,人民对于法治、公平、安全、绿色等的需要和追求成为党和国家努力的方向。因此,找到城市公共安全真正的问题所在,了解城市居民的真实想法和安全感受,加强和改善城市公共安全管理,可达到提高我国城市居民公共安全感,增强人民幸福感、获得感的目标。基于以上背景,本次

① 来源于长沙市人民政府网站。

深访调查通过“中国城市公共安全管理智库”这一平台,以半结构化访谈的形式获得城市居民对于城市公共安全更多的感受,深度挖掘隐含的城市公共安全信息。

经过前期的调研培训,访谈人员在深入了解访谈大纲的基础上,从2018年10月2日到10月7日展开了为期6天的深访调研。本次选取的访谈地点覆盖长沙市的核心区域,包括天心区、岳麓区、雨花区、芙蓉区。在40位受访者中:男性受访者25人,女性受访者15人;在年龄分布上,18~30岁19人,30~60岁16人,60岁以上5人。此次接近90%的受访者都低于60岁,这部分群体中较多人见证了自改革开放以来城市翻天覆地的变化,而且正享受着我国经济飞速发展带来的各种便利,对城市生活的各方面都有着深刻的体会。

二、长沙市城市公共安全评价

城市居民公共安全评价是指生活在城市范围内的居民对2018年该城市自然和社会环境条件下公共安全问题普遍的社会心理感受和现实反映。本次深访调研在广泛查阅文献资料的基础上,结合2018年中国国情,编制了全面的城市公共安全深访提纲,以期通过更深入了解长沙市城市居民对于长沙市公共安全的总体印象,呈现出城市居民视角下长沙市的公共安全现状、面临的挑战以及存在的问题,为长沙市政府的公共治理提供具有建设性的参考。

(一)长沙市城市公共安全整体评价

本次访谈将城市公共安全分为自然安全、生态安全、公共场所设施安全、食品安全、公共卫生安全、交通安全、治安安全、社会保障安全、信息安全等九个方面。通过城市居民对长沙市公共安全状况最满意方面和最不满意方面的评价,可得出城市公共安全的概况,从而突出城市公共安全的显性问题和隐性问题,为政府的公共安全治理提供参考和借鉴。

当谈及比较满意的公共安全状况时,由图1可知,最令长沙市城市居民满意的公共安全分项分别是治安安全、自然安全和公共场所设施安全。在40位受访者中,有28位受访者对长沙市的治安安全感到满意,22位受访者对自然安全感到满意,15位受访者对公共场所设施安全感到满意。受访者的满意反映出公众对政府在治安安全、自然安全、公共场所设施安全方面公共政策的认可,同时也提升了公众对政府的信任感。

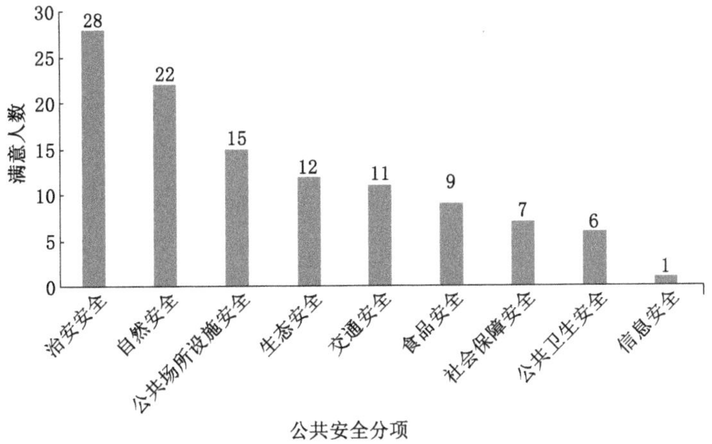

图 1　令人满意的长沙市公共安全状况

除了对治安安全、自然安全、公共场所设施安全三个方面比较满意外，受访者的态度反映出公共安全的很多方面还有待改善，城市居民的安全感、满意度有待提高。由图 2 可知，令长沙市城市居民不满意的公共安全状况前三名分别是交通安全、食品安全、生态安全、社会保障安全、信息安全，其中生态安全、社会保障安全、信息安全并列第三。在 40 位受访者中，有 19 位受访者对长沙市的交通安全感到不满意，11 位受访者对食品安全感到不满意，分别有 9 位受访者对生态安全、社会保障安全、信息安全感到不满意。

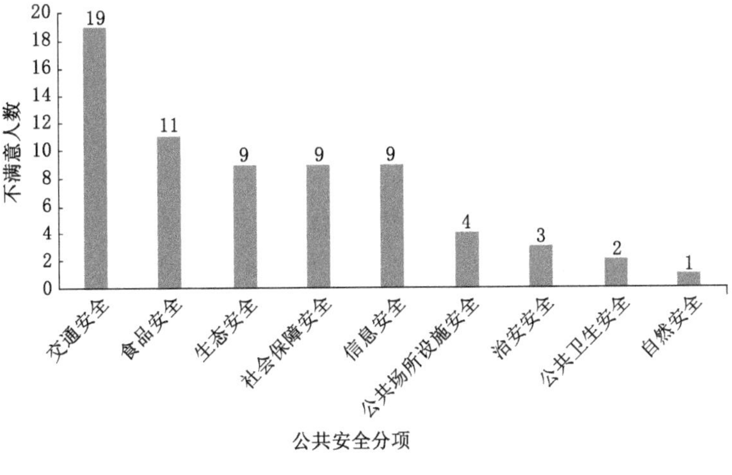

图 2　令人不满意的长沙市公共安全状况

（二）长沙市城市公共安全分项评价高的原因

城市公共安全满意状况反映的是城市居民对整个城市环境的安全感知程度，关系政府角色、公共政策、行政管理行为、人民生活、社会稳定等多个层面。本次深访调研从更加全面的角度编制了符合当代中国国情的城市公共安全访谈提纲，在深访过程中，受访者对于令人满意的城市公共安全分项分别表达了自己的看法。

1. 治安状况改善，安保设施完善

从宏观上看，近年来长沙市犯罪率不断下降，恶性刑事案件和群体性事件大大减少，社会治安状况得到了改善，城市居民对自己生活环境的安全程度充满信心。从微观上看，“天网工程”等安全保障工程的建设，政府通过技术手段对监控安保设施不断升级换代，公共场所监控镜头朝着无死角的方向发展，安保设施不断加强，这种看得见的安全也是使受访者对长沙市治安安全认可的原因。

受访者认为长沙市的社会治安令人满意。尹先生表示：“长沙市的社会治安和以前比有很大的进步。虽然我大部分时间不外出，但是有时会去红星大市场，一般逢年过节会去汽车南站，没有遇见小偷。有时候到高平小区那边去买一买菜，感觉社会治安很好，没有遇见偷盗扒抢的事情。”

易女士认为：“小区无处不在的监控给人以安全感，无死角的监控几乎覆盖到小区的每一个角落。技术的改进和设备的安装使得我对本地的治安安全最为满意。”

2. 灾害频次较低，防御力量增强

从自然地理角度而言，长沙市位于我国中南部，很少发生地质灾害和气象灾害。长沙市突出的自然灾害是长江水患，但该灾害发生频次较低；公众并未在长沙市范围内经历过大的自然灾害，不论是地震、台风，还是洪涝、泥石流都很少发生，更谈不上这些自然灾害的严重程度，再加上受访者多为长沙市本地居民，十分了解长沙市的地理情况，对长沙市自然安全充满信心。以政府为主导的自然灾害防御力量不断增强城市居民的信心，虽然长沙市不时受到洪涝等水害威胁，但湘江大堤等防御设施的改善使城市居民免受自然灾害侵袭。

受访者认为长沙市自然灾害较少，令人放心。湖南大学的退休教师赵先生直言：“从几十年的生活经历来看，我对于自然灾害经历较少，因此谈不上担心。”

王先生说出了自己这些年的观察:“我对长沙市的自然安全状况很满意。长沙市这边的自然灾害相对来说不多,主要是洪水比较多,但是现在有了三峡之后好了很多。在之前发洪水的时候,政府的政策很好,全国也都在帮助长沙。我觉得政府的反应很快,政策保护也做得比较到位。雨季都会有积水,排水系统还算比较完善。政府会组织力量积极排水,会把窨井盖掀开。但是有时候雨下得实在是太急了,排水需要一段时间。”

3. 基础设施健全,基本满足需求

受访者对公共场所设施基本满意的原因在于长沙市作为湖南省的省会和湖南省第一大城市,城市基础设施覆盖相对完善,公共场所设施一应俱全。交通设施方面的地铁、轻轨、高铁、机场、水运等设施较为发达,配套安全措施完善且现阶段能够满足城市居民对公共场所设施的需求。

受访者认为长沙市公共场所基础设施较为完善。陈先生表示:“长沙市的公共基础设施挺健全的。我身边的各个小区都有一些供老年人用的设施,也有供年轻人用的篮球场,并且有一个机构专门负责相关维护工作。”

个体户易先生表示:“我对长沙市的公共基础设施比较满意。在我们这里,每家每户门前都配备有一个灭火器,像我们的店铺口,专门配备了两个灭火器。”

(三)长沙市城市公共安全分项评价低的原因

令人不满意的公共安全状况与令人满意的安全状况并不存在绝对的边界。例如,治安安全方面既有部分受访者认为很满意,也有部分受访者认为很不满意,究其根本是两个人群的评判标准不同。深访过程中有部分受访者表达了对于某一方面公共安全的不满,如:交通安全、食品安全、生态安全、社会保障安全、信息安全等方面的问题比较集中、突出。

1. 道路供给存在不足,参与主体素质有待提高

一是道路交通参与者素质尚待提高,这里所说的道路交通参与者包括司机、行人等多个主体。城市道路中的不文明行为和违法行为虽然持续减少,但因为司机、行人总量较多,他们的素质需要通过潜移默化的影响才能够提升,短期内难以养成。二是长沙市城市规模较大,整体的规划与治理难度较大,超大的城市规模再加上各区不同的交通分布情况和不同的经济水平使得路政设施存在差异,而且这些设施已经不能满足长沙市日益增加的交通需求。三是以往的道路规格、标线设施等已经陈旧,难以满足全市日益扩大的交通需求。尽管

市区内较少出现重大交通安全事故,但以上分析因素共同解释了受访者对交通安全存在的巨大担忧和不满。

受访者认为长沙市交通安全状况有待改善。王先生深有感触地说:"长沙市的交通安全最让我头疼。我之前读大学的时候与同学合租过一段时间。合租时的房子在校外,离学校隔两条街。离学校这么近,还是有堵车的现象。幸亏我是步行,不然有可能要迟到。我觉得长沙市的交通问题挺严重的。长沙市只有两条地铁线路,应该适当地可以多开通一些地铁线路,再多建一些高架桥。公交车开得比较快,我在新闻上看到过。公交车到一个站点停的时候会刹车,如果开得快的话,刹车的时候车里面的乘客可能会不太安全,尤其是乘客比较多的时候。"

2. 食品安全事件频发,风险沟通不畅

不同访谈者对食品安全的满意程度不同,学生群体倾向于选择满意,而社会群体则存在较大的疑虑和不满。一个原因在于食品安全事件的频繁出现刺激到了城市居民,使城市居民对食品安全现状感到莫名的担心甚至是不满意;另一个原因在于食品安全领域缺乏信息传递和风险沟通机制,城市居民对食品安全方面的信息知之甚少,往往安全的食品也得不到应有的信任。城市居民对食品安全存在"风险放大"效应,这也就影响了受访者对食品安全这一公共安全分项的满意程度。

受访者认为长沙市食品安全仍有待提高。见证了学生天天点外卖的中南大学宿管员李女士说:"我对长沙市的食品安全不太满意,尤其是在外卖方面。一些外卖也没有什么正规的店面。我觉得需要有一个专门的外卖监管机构。外卖用的什么原料消费者有时并不知道。譬如说外卖食品里面放的是什么油,也许消费者并不知道。"

3. 基层社会保障力度不够,贫富差距较大

首先,尽管一些受访者对社会保障安全感到满意,但这些受访者多是一小部分政府及事业单位退休人员,大部分百姓认为自己并未获得足够殷实的保障。其次,对比效应显现,访谈过程中受访者倾向于将自己的社会保障安全情况与高水平受保障人群进行对比,进而引发了不满情绪。最后,受访者对未来存在担忧,认为只能靠自己努力挣钱以确保老有所养,对现在的基本养老保险和自己年老之后国家的养老机制存在不小的担忧。

部分受访者认为长沙市社会保障安全仍无法令人满意。王女士结合自身

情况，表达了对社会保障的不满："我对长沙市的社会保障不太满意。大多数老年人只买了一百多元的社会保险，交到60岁之后才能每个月领取微薄的补助。"

4. 电信诈骗日益猖獗，侵害手段日益多样

近年来日益猖獗的电信、金融诈骗客观上加剧了社会风险状况，受访者对城市信息安全不满意很大程度上来自对大环境的信心缺乏，频频曝光的信息安全遭受侵害的事件也使得很多城市居民人心惶惶。很多受访者表示即使自己具备辨别电信诈骗的能力，但是层出不穷的新型诈骗和侵害技术也令人防不胜防、担惊受怕。也有相当一部分受访群体的不满意态度是源于自身遭受到不同程度的电信诈骗侵害。

部分受访者认为长沙市信息安全环境值得关注。张女士说："长沙市的信息安全我觉得挺让市民担心的。例如经常有陌生人加我为好友，我都不知道为啥我的信息被泄露了。对此我感到挺担心的。对于银行卡密码，我不是很担心。因为我觉得别人应该不会轻易知道我的密码，而且我会在不同的地方设置不同的密码，比如说QQ密码、银行卡密码、邮箱密码等各不相同。我现在在外面不会轻易连接无线，也不会用共享充电宝，去较远的地方时会自己带一个充电宝。国家的相关信息管理部门应该努力去做好各方面的信息安全保障工作。另外，现在网上会有很多的传播，会告诉你现在有什么诈骗手段。网络比较发达，大家接触这方面的信息也比较多，我觉得个人防范意识应不断增强。"

三、长沙市城市公共安全问题的具体表现

通过研究城市居民最看重的城市公共安全问题，不仅可以深入了解城市居民视角下的公共安全状况，还可以为政府等部门制定更具有针对性的政策提供参考，从而增强城市居民的幸福感、安全感。本部分内容主要探究长沙市城市居民最关注的、应优先解决的公共安全问题。

（一）长沙市城市居民最关注的三项公共安全问题

通过设置"您认为在长沙最重要的三项城市公共安全问题是什么？"这一问题，受访者给出了对于该问题的不同选择。通过整理受访者的回答可以发现，受访者认为最重要的城市公共安全问题均与城市居民日常生活息息相关，主要集中在食品安全、交通安全和治安安全三个方面，占比分别为23%、20%和

16%,见图3。

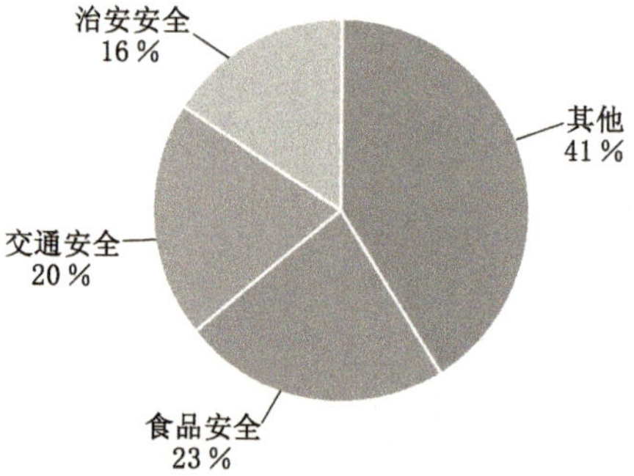

图3　长沙市城市居民最关注的三项公共安全分项

1. 食品问题看似悄无声息,实则隐患巨大

除了学生群体外,大多数受访者表示食品安全最为重要。学生就餐多在校内餐厅,该地方食品监管比较严格,较少出现食品安全事故,能够让学生吃得放心。受访者表示食品安全与火灾等不一样,一般不会有任何的前兆,但是一旦发生,事态就会很严重。部分受访者表示饭店、酒楼等地的食用油存在一定的食品安全隐患。

食以安为先。食品安全问题是关系社会稳定、民生福祉的重要大事。近些年,食品安全事件逐渐增多,食品安全问题受到了各级政府和人民群众的关注。防止食品安全问题的发生,离不开政府在食品方面的安全监管工作。近年来,长沙市针对食品安全监控系统的改革完善采取了相应举措,逐步建立了四级监管网络与食品安全检测体系,完成了相应管理人员配置,实现了国家级食品安全示范城市成功创建,食品安全监管整体水平不断提升。但是,由于食品安全环境的不断变化,长沙市食品安全仍存在诸多问题有待解决。综上所述,食品安全是人民生活幸福的关键,直接关系到社会的发展,食品安全问题越来越成为城市居民所关注的重点问题。因此,大部分受访者觉得应该首先加强对食品方面的监管,解决食品安全问题。

受访者认为长沙市的食品安全问题至关重要。尹先生认为:"信息安全、食品安全和公共场所设施安全是一个城市较为重要的公共安全方面。信息安全最为重要。其次是食品安全,食品里那些看不见的有害物质像隐形杀手一样,有时我们把它吃进去了却并不知道。至于其他方面的公共安全问题也很重要,也不容忽视。"

2. 公共交通工具供给不足，不稳定因素较多

经过对受访者进行访谈发现，流动性较大、需要经常出行的群体对出行时的交通状况会更加看重。随着社会经济的发展，近年来车辆数量的迅猛增加，给道路交通带来了巨大的压力。对于作为一种重要公共交通工具的地铁而言，由于长沙市地铁线路暂时不能够满足公众的需求，因此拥挤等待会对个人安全有所影响。据部分受访者反映：长沙的公交车速度较快，驾驶员喜欢超车，稍不注意极有可能发生事故。外卖骑手闯红灯也是影响交通安全从而直接影响公众生命财产安全的一个重要因素。

长沙市作为中部地区重要的城市之一，随着其社会经济的快速发展，越来越多的家庭开始拥有私家车，因此长沙市的交通拥堵变得严重。在高峰时段，主干道的通行速度平均只有 20 千米/时左右，拥堵程度相当高。庞大的汽车保有量和严峻的道路交通形势对长沙市治理交通拥堵提出了更高的要求。根据湖南省交通管理战略部署"大城市治堵，小城市治乱"的要求，长沙市将有计划地对相关路段进行综合治理。但是，长沙市的交通管理水平还并没有达到一个令人满意的高度。作为后起之秀，长沙市在城市交通管理上还有一段很长的路要走，治理城市交通拥堵依然任重道远。因此，较多受访者建议优先解决交通安全问题。

受访者认为长沙市交通安全存在问题。张女士表示："一个城市想要发展，交通很重要。比如说，我们的学校在郊区，到市中心去的话虽然有公交车，但还是不方便，因为公交车少、人又特别多。尤其是在高峰期，长沙市的公交司机开车一般比较快。从外卖骑手方面来说，送外卖的人为了赶时间而闯红灯的现象会经常发生。"

宋先生建议："国家应借助大数据技术合理规划线路。虽然自己对大数据技术的应用不是很了解，但大数据技术应该可以运用在交通领域。"

针对公共交通拥堵问题，金女士建议："政府交通部门可以改进各种售票机器和设备以增加便利性。"

3. 社会治安与公众个人事业发展息息相关

社会治安状况与公众个人事业发展和家庭幸福有着很大关系。良好的社会治安是个人事业发展的保障，而糟糕的社会治安状况可能会给公众带来更多的威胁。因此在选择自己所关注的公共安全分项时受访者会优先选择治安安全。当然也有一些受访者经历过一些治安安全事件，因此更加深刻地感受到治

安安全的重要性。

受访者认为长沙市治安安全仍有待改善。赵先生结合自己钱包被偷的经历表示:“治安安全对于一个城市来讲最为重要。如果一个城市连社会治安状况都不乐观,可能就不会吸引人在这里居住。客观来讲,社会治安好,则人住在那里会比较安心一点。我觉得在这生活有一点担心,因为我以前在市中心丢过手机,我觉得治安安全挺重要的。”

(二)长沙市城市居民关注的城市公共安全问题剖析

1. 信息公开力度加大,食品安全问题日益受到关注

2017年湖南省食品药品监督管理局主动公开食品药品监管信息20 901条,比2016年增加2 076条,同比增长11%,见图4。

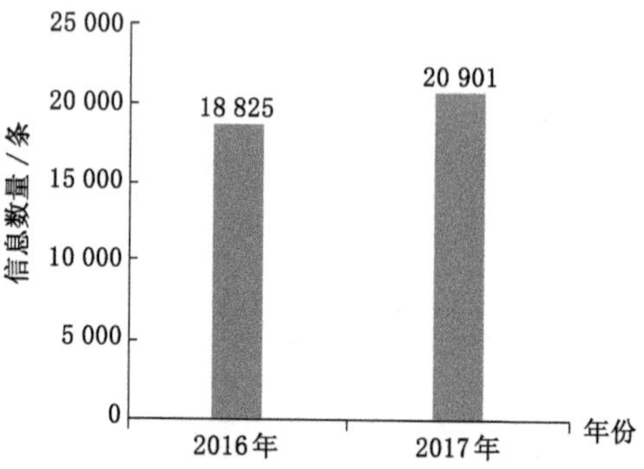

图4　2016年、2017年湖南省政府主动公开食品药品监管信息情况①

食品安全信息公开力度加大的主要原因是2017年湖南省着力推进了食品药品抽检信息公开、行政许可处罚“双公示”、食品药品信用信息公开、消费警示、食品药品科普等工作,政府信息主动公开数量大幅增长。从依申请公开信息情况看:2017年湖南省食品药品监督管理局共收到政府信息公开申请125件。按申请人居所分析,省内申请28件、省外申请97件,分别占依申请公开总量的22.4%、77.6%;按申请渠道分析,当面申请1件、信函申请50件、网络邮件申请74件,分别占依申请公开总量的0.8%、40.0%、59.2%;按食药监管业务类别分析,食品生产经营类72件,药品、医疗器械生产经营类12件,行政执法类9件,投诉举报类16件,其他综合类16件,分别占依申请公开总量的

① 数据来源于《湖南省食品药品监督管理局2017年政府信息公开工作年度报告》。

57.6%、9.6%、7.2%、12.8%、12.8%，[1]见图 5。相关数据显示，食品生产经营类信息依申请公开占大多数，且呈上升趋势。政府对食品安全方面信息公开力度的加大，使公众更加感受到食品安全对他们来说非常重要。

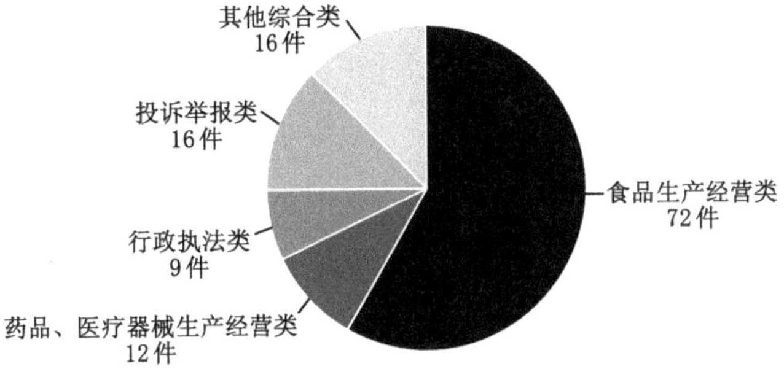

图 5　2017 年湖南省政府依申请公开食品药品监管分类情况

2. 公共交通压力与日俱增，城市交通安全亟待改善

2018 年长沙市常规公交日均客运量为 220.2 万人次，地铁 2 号线日均客运量为 41.1 万人次，地铁 1 号线日均客运量为 26.6 万人次，出租车年均客运量为 26 193 人次。[2] 面对与日俱增的公共交通压力，长沙市的部分公共交通司机选择以提高车速的方式来加以缓解。多数受访者表示长沙市目前的公共汽车速度甚至可以用“飚车”来形容，这种现状又给城市公共交通带来了巨大的安全隐患。因此，部分受访者认为在长沙市交通安全比较重要。

另外，根据长沙市公安局公布的《2018 年 11 月份交通事故形势分析研判》可以发现：2018 年 10 月 26 日至 11 月 25 日长沙市发生一般交通事故立案 86 起，死亡 9 人，受伤 86 人，直接经济损失 407 202 元。与 2017 年同期相比，一般交通事故立案数上升 17.81%，死人数下降 57.14%，伤人数上升 19.44%，直接经济损失上升 48.45%。简易交通事故立案 3 188 起，受伤 919 人，直接经济损失 7 245 990 元。虽然与 2017 年同期相比，简易交通事故立案数下降 41.3%，受伤人数下降 46.23%，直接经济损失下降 67.73%，但是仍旧面临严峻形势。[3] 因此，受访者对长沙市的交通安全较为关注。

3. 案件破获率虽有上升，但治安案件仍旧高发

2018 年 1 月至 7 月，长沙市公安机关受理涉警投诉举报同比下降 22.4%，

---

① 数据来源于《湖南省食品药品监督管理局 2017 年政府信息公开工作年度报告》。

② 数据来源于《2018 年长沙市交通状况年度报告》。

③ 数据来源于长沙市公安局网站。

网上督察中心省厅市局通报问题同比下降 36.7%。长沙市社会治安形势持续向好。2018 年 1 月至 8 月,长沙市刑事立案同比下降 12.17%,现行命案同比减少 2 起,实现全破,8 类恶性案件立案同比下降 12.97%,侵财类警情同比下降 11.2%,刑事拘留犯罪嫌疑人数同比上升 22.38%,破获毒品刑事案件数同比上升 32.55%。这些事件引起了社会的广泛关注,激起了公众对社会治安的重视。①

例如,2018 年 7 月 11 日在位于芙蓉区、雨花区、天心区、长沙县的 14 个涉嫌"暴力传销"的犯罪窝点,长沙市公安机关同步展开收网,抓获涉案人员 147 人,刑事拘留犯罪嫌疑人 125 人,是近年来一次性刑事拘留犯罪嫌疑人最多的案件。此外,通过深入推进"集打斗争""夏秋攻势",2018 年长沙市公安机关已累计刑拘 1 738 人,破案率突破 81.64%。② 相关数据显示,2018 年上半年长沙市在湖南省群众满意度排名较 2017 年上半年上升 3 个名次,社会治安形势持续向好,但是仍存在较多负面影响因素,因此部分受访者建议优先解决治安安全问题。

四、提升长沙市城市公共安全的有关建议

长沙市受访对象从自身实际情况和生活中的直观感受出发,表达了自己对于城市公共安全满意和不满意的方面,总的来说不满意的公共安全方面更多,城市公共安全治理任重而道远,政府身上有着沉重的担子和责任。一个城市发展繁荣的背后总是存在着诸多问题与挑战。对于解决长沙市城市公共安全问题,受访者的意见和建议可归纳为以下六点。

(一)加强公共安全宣传教育,增强公众公共安全参与意识

从受访者的反馈情况来看,长沙市城市公共安全领域的宣传教育效果并不理想。受访者认为所在的社区、学校、单位有过公共安全宣传教育,但普遍效果不佳。公共安全宣传教育在形式上可以寻求创新,不应一味地采取开会灌输,而应进一步增强宣传工作的有效性。

罗先生提出:"政府应通过微博等网络宣传、实体张贴海报、交通工具放映宣传视频等多种渠道宣传公共安全知识,使公共安全知识深入人心。"

退休的赵老师提出:"城市公共安全应该加强教育特别是学校层面的教育,

① 数据来源于长沙长安网。
② 数据来源于人民网。

相关院校应大力开展城市公共安全领域的科研工作。”

何女士认为:“政府应该注重对市民公共安全知识技能的培训引导,注重相关实践技能的教育,让市民在遇险时能够充分自救。”

(二)进行合理的舆情引导,促使问题妥善解决

不少受访者能够意识到政府舆情引导和控制的必要性。安全事故和公共危机爆发时,政府如果不注意及时监控并积极引导社会舆论、回应公民诉求,往往使得事态和风险朝向紧张和破坏的方向恶化。若能及时有效地把握城市公共安全舆情,了解民生诉求,做好风险沟通,对于化解安全风险、避免风险放大效应具有十分重要的意义。合理的舆情引导能够为政府解决城市公共安全问题营造一个良好的环境,能够获得城市居民更多的理解和支持,这也有利于合作共治,解决城市公共安全问题。

退休工人宋先生提出:“政府要经常倾听群众意见,让群众意见得到充分表达而不是投诉无门,做到政府与公众的有效互动才能促使公共安全问题顺利解决。”

王女士认为:“政府和大众传媒都应发挥自己的作用,特别是大众传媒要营造客观正向的舆论氛围。”

周先生认为:“政府应该加强对网上造谣跟风分子的监控,加强对网络舆论的监控和引导力度,呼吁公众在突发事件来临时不要跟风造谣、火上浇油、误导他人。”

(三)加强政府部门与执法队伍建设

受访者认为政府部门在解决公共安全问题的同时要注意自身行为。政府的行为要符合规范,依法行政,避免因执法队伍素质不高而带来的公共安全问题之外的其他问题。在表达对于政府部门解决公共安全问题的意见和建议时,很多受访者直言作为治理主体的政府也需要不断加强和完善自身建设。一是政府部门领导要树立安全责任意识,具备相应的安全防范意识和素质,并率先垂范带头做好安全防范工作。二是政府部门要切实履行职责,积极制定城市公共安全治理政策,做好监督管理工作,加大违法犯罪惩处力度,对交通安全领域的违法违规行为、食品安全领域的违法犯罪行为等应加大惩处力度。三是政府部门执法队伍要提高综合素质和业务水平,做到主动出击,不能被动地去当“消防员”,要做到事前监测预警,捍卫人民的安全权益。

易先生希望领导干部多下基层走访:“领导干部需要真正下基层走访,对许多公共安全问题重视起来。如果领导干部不重视的话,不管出什么措施都没用的。”

王先生表示管制和监督在应对公共安全问题中是必不可少的:“首先应该加强管制,尤其是加强监督和管理这一块,应该每一个环节都要加强监督和管理。比如说猪肉生产这个问题,我觉得从饲养猪的饲料开始,就应该加大监管力度。另外,应该减少转基因食品的产量。虽然说转基因食品有它的优点,但是一些新闻报道说它还是会对人身体造成一些影响的。”

(四)找准公共安全着力点,持续加大安全治理投入

一些受访者看到了城市公共安全背后隐藏着政府投入不足的现实,特别是关乎民生的重点安全领域,如公共设施、交通等领域。受访者在财政投入方面的观点可以分为两类,一是认为政府整体的财政投入力度不足,资金支持较少;二是有资金投入却没有投到真正需要解决问题的地方,做了“面子工程”,增加了一些领导的个人“政绩”,而没有为老百姓办实事。

罗先生认为:“政府应该加大投入力度,增加人力、物力、财力等投入力度。例如,应加大人力投入以解决执法队伍人员不足的问题,加大物力投入和财力投入以解决交通、公共设施建设问题。”

赵老师认为:“政府应该精打细算,把钱投到真正该花的地方,特别是食品安全、交通安全、信息安全等领域。”

(五)重视城市整体规划,完善城市公共安全配套设施

安全问题的出现是城市在其整体运行中的不协调带来问题在某一个或某几个方面的集中显现。这在交通安全、生态安全、公共场所设施安全等方面的表现比较明显,因为这几个方面是相互影响着的具有紧密联系的几个公共安全领域。政府应从整体规划着手,进行整体性的科学规划以减少发展中出现的后续问题。上述观点多来自学生受访群体。加强城市公共安全配套设施与完善市政设施的建议则多来自社会人士的建议。进行整体规划的建议实施起来相对较难,只有在建设新城的时候其重要性和可行性会更加明显,而加强城市公共安全配套设施和完善市政设施则可以作为建设性建议予以采纳。在政府解决城市公共安全问题时重视城市整体规划,完善城市公共安全配套设施是一条极具参考价值的建议,这对于满足人民日益增长的对城市公共安全需求是十分

有益的。

张女士指出："地铁的电梯有的时候挺不安全的。因为地铁人流量特别大，有的时候地铁上的电梯突然会停，或者是运行声音很大，给人一种很不安全的感觉。我觉得要经常维护地铁的电梯。"

张小姐认为："以公共健身设施为例，我身边的公共健身设施偏老化，相关部门应该及时更新公共健身设施。"

（六）社会财富合理分配，增加社会保障公平性

社会财富合理分配，增加社会保障公平性这一观点一部分来自受访群体的直接表达，一部分是从受访者的心声和表述中归纳总结而来。在与受访者谈论城市公共安全问题时，他们倾向于把城市公共安全问题与贫富差距联系起来。这一点非常值得注意，因为当一个受访者提出这种意见时可能微不足道，但当大多数的受访者普遍存在这种心理时应该审视社会的发展。政府在解决城市公共安全问题时不能仅仅解决表面问题，更要剖析深层原因，努力通过再分配调节收入差距，制定更加公平的社会保障政策，以求不断改善城市公共安全的突出问题，切实增进城市居民的安全感、幸福感和获得感。

郭先生表示："应健全我们的法律体系，去制止、遏制恶性事件的发生。如果说应该从哪一个具体的安全领域来优先解决的话，我觉得应该是社会保障安全。"

广 州 篇

访谈时间：2018 年 10 月 1 日—10 月 6 日

访谈地点：越秀区、天河区、白云区、黄埔区

访谈人员：徐潇蓉　许兴兴

广州市是广东省的省会，是广东省的政治、经济、科技、教育和文化中心。广州市总面积 7 434.40 平方千米，常住人口 1 530.59 万人。广州市地处中国大陆南方、广东省的中南部、珠江三角洲的北缘，接近珠江流域下游入海口。广州市的地理位置介于东经 112°57′～114°3′，北纬 22°26′～23°56′。东连惠州市博罗、龙门两县，西邻佛山市的三水、南海和顺德区，北靠清远市的市区和佛冈县及韶关市的新丰县，南接东莞市和中山市，与香港、澳门特别行政区隔海相望。广州市是国家重要的中心城市、国际商贸中心、综合交通枢纽，是中国历史最悠久且唯一从未关闭过的对外通商口岸，素有“千年商都”的美誉。①

一、调查背景

随着我国城市化进程加快，城市人口、功能和规模不断扩大，一些城市的公共安全基础薄弱，与现代化城市安全发展需求不适应、不协调的问题变得突出，给人民群众的城市公共安全感带来很大影响。为了有效反映我国城市公共安全的现状及其变化，本次调查通过“中国城市公共安全管理智库”这一平台，进一步拓展城市调研范围、延展调研深度，实施社会调研，采用深访形式，深度挖掘城市居民对于所在城市公共安全的感受，为城市公共安全领域的后续研究提供第一手资料。

此次广州市城市公共安全深访调研，历时 6 天，从 2018 年 10 月 1 日至 10

① 来源于广州市人民政府网站。

月 6 日，累计完成 40 个访谈任务。受访者群体从性别上看，男性占 47.5%、女性占 52.5%，男性与女性人数基本持平；从年龄上看，20～30 岁的受访者占比最多，达 60%，30～40 岁的受访者占 27.5%，40 岁以上受访者占 12.5%；从籍贯上看，只有 47.5%的受访者是广州本地人，52.5%的受访者为后期定居或外来务工人员。此次受访人群集中在中青年和后期定居广州的群体，广州作为一线城市，其繁华的经济和完善的市政设施吸引着外地的年轻人来这里逐梦，他们对广州这个城市有着比较深刻的认识。从职业状况方面来看，上班族占 67.5%，学生占 17.5%，自由职业者占 10%，退休人员占 5%。总体来说，此次受访群体在性别、年龄、籍贯及职业状况方面的选择上具有一定的代表性。

二、广州市城市公共安全评价

城市居民对城市公共安全的评价是城市公共安全的“晴雨表”，了解和提高城市居民的心理安全水平不仅是各地方政府的职责所在，同时也是推动社区建设、构建稳定社会生活的重要步骤。本次深访调研从更加全面的角度编制了城市公共安全访谈提纲，通过了解广州市城市公共安全状况，呈现出广州市公共安全面临的挑战以及存在的问题，为广州市政府的公共治理提供一些建设性的意见和建议。

（一）广州市城市公共安全整体评价

通过城市居民对自然安全、生态安全、公共场所设施安全、食品安全、公共卫生安全、交通安全、治安安全、社会保障安全、信息安全等九个方面的评价，得出广州市城市居民对广州市公共安全状况最满意和最不满意的几个方面，进而突出城市公共安全的显性问题和隐性问题，强化广州市政府的责任，构建高效有力的城市公共安全治理体系。

此次调研中，当问及“您对广州市的公共安全状况总体感到满意吗？”时，受访者大多表示十分满意或者比较满意。具体到每一个类别，有 15 人表示对生态安全满意，分别有 12 人表示对交通安全和治安安全满意，有 8 人表示对公共场所设施安全满意，有 7 人表示对自然安全满意，有 5 人表示对社会保障安全满意，分别有 3 人和 1 人表示对公共卫生安全和食品安全满意，无人表示对信息安全满意。在不满意的公共安全分项方面，有 35%的受访者对食品安全不满意，达 14 人次；30%的受访者对公共卫生安全不满意，达 12 人次；27.5%的受访者对信息安全不满意，达 11 人次；22.5%的受访者对交通安全不满意，达

9人次；分别有20%的受访者对生态安全和治安安全不满意，各达8人次。其次，分别有7人表示对社会保障安全不满意，6人表示对自然安全不满意，5人表示对公共场所设施安全不满意。令人满意的广州市公共安全状况和令人不满意的广州市公共安全状况分别见图1和图2。

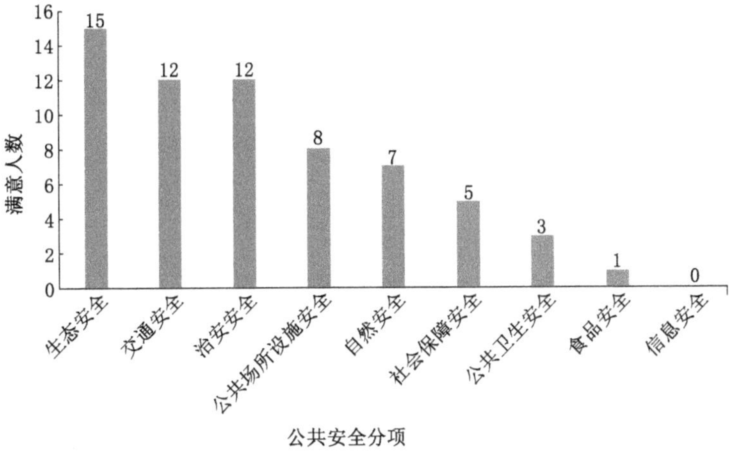

图1　令人满意的广州市公共安全状况

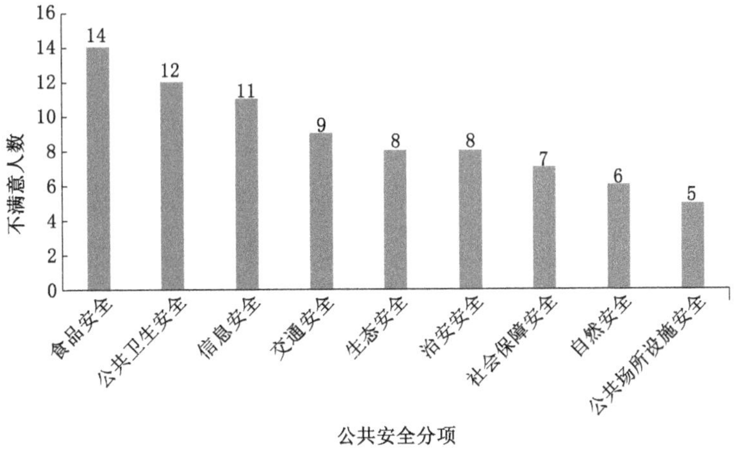

图2　令人不满意的广州市公共安全状况

（二）广州市城市公共安全分项评价高的原因

当问及受访者对广州市公共安全方面满意的原因时，大多数受访者认为这与广州市的经济发展水平和自然环境相关。在生态安全方面，由于广州市地处南方丰水区,河流水系发达,且森林覆盖率居全国较高水平,生态环境相对较好;政府积极推行"退耕还林"政策,将重工业工厂迁移并大力支持高新科技产业发展,有效提高了生态环境水平。在交通方面,广州市的地铁系统较为完善、先进,人们能自觉遵守交通规则。另外,交警对违规车辆的执法处理非常严格,驾驶人员的自觉意识相对较高。虽然广州市车流量较大,但是政府通过"限行"政策和增加交警人员数量指挥交通,拥堵现象逐渐得以缓解。在社会治安方面,由于广州市是一个经济发达的城市,人民生活水平普遍较高,打架斗殴和偷盗现象很少发生。广州市政府对社会治安管理比较规范,天眼系统覆盖全市,有效提升了社会治安整体水平。

1. 生态环境优越,空气和水质量较好

广州市大小河流众多,水资源相对丰富。广州市地处亚热带沿海,属海洋性亚热带季风气候,以温暖多雨、光热充足、夏季长、霜期短为特征。广州市全年平均气温为 21.9 摄氏度,是中国年平均温差最小的大城市之一。广州市全年水热同期,雨量充沛,利于植物生长,为四季常绿、花团锦簇的"花城"。同时,广州市政府积极采取了各种提高生态环境质量的措施,比如实施"退耕还林"政策和迁出污染的重工业而大力发展高新技术产业,有效提高了广州市的空气质量和水资源质量。受访者普遍表示对广州市的生态安全感到满意,对生态污染问题不会过分忧虑。

多数受访者认为广州市生态环境优越,生态安全感较高。李先生表示对广州市生态安全感到满意:"我最满意的是生态安全。我是从北方过来的,在我的家乡,冬季的时候雾霾比较严重,到了广州之后,感觉这边的空气比较好,尤其是在冬天的时候,基本上没有雾霾天,空气质量较高。广州市的植被覆盖率也是蛮高的。近年来,政府对江河湖泊的治理也是一年比一年好。比如我们学校旁的那条河,这两年已经治理得相当干净了。现在国家大环境是这样的,大家都越来越在乎青山绿水,政府采取各种措施防止大规模污染性事件的发生,所以说我对生态安全比较满意。"

2. 公共交通系统较为完善,交警执法严格

作为一线城市,广州市的公共交通系统较为完善,道路规划较为科学,公民的安全意识水平较高。广州市共有地铁线路 13 条,几乎覆盖了整个城市,购买车票时可以使用支付宝、微信,每个地铁站内都配有志愿人员和专职工作人员,这些工作人员在人流较拥挤的时候会进行相对指引。人们出行大都会选择乘

坐地铁,因为他们认为地铁更安全、高效。此外,为提高交通执法水平,交警处置违规车辆比较严格,驾驶人员的安全意识相应有所提高。近年来,政府为解决拥堵问题做了很多努力,比如推行"限行"政策,并在拥堵路段和早晚高峰时间增加交警人员数量,保证交通安全、畅通、有序。受访者普遍表示并不担心广州市交通系统会出现严重事故,对交通安全比较满意。

受访者认为广州市作为一线城市在交通方面较为完善。林先生表示:"广州是比较发达的一线城市,对于交通安全方面,广州做得比较完善。我从小就生长在广州,去外地时发现有的城市的路面还很破,而且可能一条地铁都没有,所以我觉得广州的公共交通做得挺好。现在坐地铁的时候,不需要零钱了,可以用支付宝、微信买票,这方面做得与时俱进,给大家带来很多方便。另外,对于一些交通事故的处理也比较及时,交警赶赴现场都非常及时。"

3. 社会治安管理规范,天眼系统覆盖全市

作为一线城市,广州市的经济发展水平一直处于全国前列,城市居民受教育水平和收入水平都相对较高,所以偷盗和打架斗殴现象在广州市极少发生,人民安居乐业。为了提高社会治安管理水平,广州市政府出台了《广州市人民政府关于限制摩托车行驶的通告》。该文件于 2017 年 1 月 1 日起施行,有效期 5 年。广州市的很多政策向来是走在全国前列。这一政策有效地消灭了"飞车党",使人们对社会治安更放心。同时,广州市在 2017 年已实现 60 万"城市天眼"全覆盖,组建了 1 300 多人的专职视频监控员队伍,有效提升了社会治安水平。

受访者认为广州市的治安安全让人较为放心。袁小姐表示:"广州市在治安方面已有很大改善。我来广州市之前有听说过飞车抢劫案件,当时也比较担心。但是这个现象在'禁摩'之后就得到了有效改善,抢劫事件也变少了很多。平时夜晚自己出行也比较放心,但是去偏僻的地方还有点担心。现在城市普及照明,而且都有监控,我觉得治安还好,平时不管是白天还是晚上都有很多工作人员在巡逻,看着还是蛮放心的。偷窃的案件我自己没有经历过,总体上来说我对广州市的治安安全还是比较满意的。"

(三) 广州市城市公共安全分项评价低的原因

除了对生态安全、交通安全安全、治安安全等方面比较满意外,受访者的态度更多的是喜忧参半,公共安全的很多方面还有待改善,城市居民的安全感、满意度有待提高。有很多受访者直接表达了对于某一方面公共安全的不满态度。

例如：食品安全、公共卫生安全、信息安全等方面的问题比较集中、突出。食品安全方面，广州市食品安全方面的问题还是相当严重的，造成受访者对此不满的主要原因有饭店违法使用地沟油、外卖食品生产环境恶劣、生鲜食品注水等。公共卫生安全方面，由于“假疫苗”事件流传甚广，受访者普遍表示对此事件不满，尤其是很多家长担心自己的孩子在学校注射的免费疫苗来源不明；针对“抗生素”滥用现象，不少受访者反映很多医院存在感冒就输液的现象。信息安全方面，现阶段我国公民信息泄露已成一个非常严重的问题，手机用户的个人信息得不到保障，经常出现很多诈骗行为。信息诈骗手段出现多样化，随着信息技术的发展，很多诈骗分子运用新科技不断更新诈骗方式，导致很多城市居民对此防不胜防。另外，国家对于信息监管方面的法律不完善，导致不少人钻“法律空子”出卖客户信息谋取不当利益。

1. 地沟油非法使用，外卖生产环境不达标

受访者普遍反映外出就餐和在家点外卖后，经常会出现肠胃不舒服的现象，对于饭店是否使用地沟油或者加工食品的过程是否卫生，受访者表示存在疑虑。

暨南大学的研究生杜同学反映：“由于学业繁忙，我经常会在实验室点外卖，由于自己不知道外卖的加工情况，会造成一种信息不对称，很担心外卖食品的卫生问题，包括外卖食品在送来的途中有没有什么问题。另外，生鲜市场上蔬菜可能有农药残留、肉质食品也许会存在注水或激素超标等问题。”

部分受访者反映在广州市曾遇到过食品安全问题。金先生分享了他在食品安全方面遇到的问题：“我之前去吃过木桶饭，吃完感到恶心，以后就不会去吃了。如果是我们去买菜，就会买一些当地老百姓种的菜，不会去买其他的菜，那些外地的菜看起来没有被虫吃过很好看，我担心会有农药残留。本地菜还好，但很多菜是从外地进来的，那边监管是否很得当，还是很让人担心的。”

2. “假疫苗”事件爆发，抗生素滥用

公共卫生方面，受访者普遍反映了两个方面的问题，一是“看病难、看病贵”的问题。广州市作为一线城市，其医疗水平在全国处于领先位置，但正是因为医疗水平高，周围城市的居民也会选择来广州市看病，所以广州市医疗资源相对于庞大的人口来说较为紧张。例如，门诊部里很多人排几天的队才能挂到号。二是抗生素滥用、“假疫苗”横行等不良医疗现象的问题。首先，很多受访者反映他们在感冒就医时遇到过医生直接要求输液的现象。一些小诊所为了

多收钱，不依据病人的身体状况就直接输液，对此，很多受访者表示不满。其次，“假疫苗”事件轰动全国，很多人担心自己接种的疫苗批次不合格。尤其是家长担心孩子在学校接种疫苗时会担心疫苗的质量问题。也有受访者表示，对国内疫苗的监管存在担忧。

部分受访者对于广州市的卫生安全仍有担心。金先生认为：“一些私人医院要赚钱，质量得不到保证，可能有些病人两三天就能好，可是医院会开很多药，病人要吃很多天，感觉医院有时故意延长治疗时间。我觉得对于现在私人医院的管理要严格一点。一些私人医院不规范，甚至出现过违规操作致人死亡的医疗事故。政府对此应加强相关管理。”

3. 信息诈骗手段多样化，信息监管不到位

信息安全方面，造成公众不满意的原因一是随着现代信息技术的发展，诈骗手段越来越多，公众对此防不胜防。比如一些钓鱼网站，一个人被盗号后会给好友发送一个链接，好友点击这个链接后个人信息甚至是财产就可能被盗取。特别是老年人，他们的信息防范意识没那么强，更容易上当受骗，据访谈得知受访者周边有很多老年人因诈骗电话而丢失钱财。二是国家在信息安全方面的法律法规不健全，信息监管不到位，很容易使诈骗团伙钻法律的空子。比如快递公司直接出售客户信息，如果没有出台新的法律进行监管的话，信息安全问题会越来越严重。

受访者认为广州市的信息安全仍有待提升。季先生认为：“信息安全现在是一个很严重的问题。我之前在网上被骗过。现在骗子太多，主动进行微信和支付宝转账是不可能轻易把钱追回来的。我希望相关部门可以对微信、支付宝增加一些安全保障。就像信用卡一样，如果卡主被举报很多次，你在给此卡主转账之前就应该有一个风险提示。或是如果卡主被举报很多次，应被自动取消转账功能。”

三、广州市城市公共安全问题的具体表现

城市公共安全暴露的问题可为有关公共部门整改自身工作提供改进方向。本部分内容主要探究广州市城市居民最关注的、应优先解决的公共安全问题。

（一）广州市城市居民最关注的三项公共安全问题

研究广州市城市居民认为三项最重要的城市公共安全问题，目的是掌握广州市城市居民所重点关注的方面。本部分内容从广州市城市居民认为三项最

重要的城市公共安全问题的概况、成因，以及城市居民选择的现实依据三个角度来研究。通过设置“您认为在广州最重要的三项城市公共安全问题是什么?”这一问题，受访者描述了对于最重要的三项城市公共安全问题的不同理解。通过整理受访者的回答可以发现，受访者认为最重要的城市公共安全问题均与公众日常生活息息相关，主要集中在食品安全、治安安全和公共卫生安全三个方面，三者分别占比27%、21%和12%，见图3。

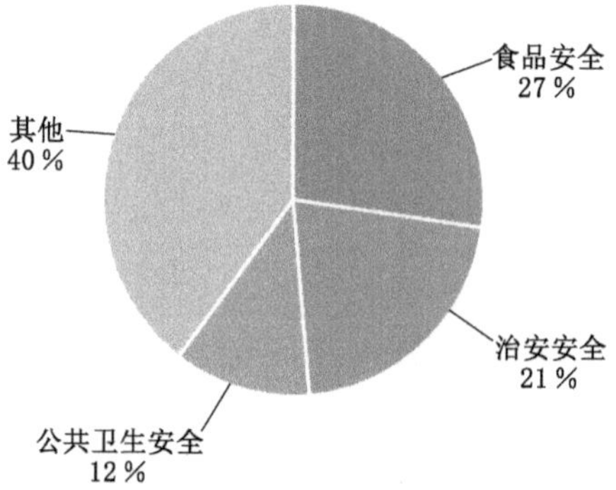

图3　广州市城市居民最关注的三项公共安全分项

1. 民以食为天，食品安全深入人心

世界卫生组织(WHO)在《加强国家级食品安全性计划指南》中把食品安全解释为对食品按其原定用途进行制作和食用时不会使消费者身体受到伤害的一种担保，将食品卫生界定为：为确保食品安全性和适用性在食物链的所有阶段必须采取的一切条件和措施。近年来，在网上曝光和公众周边频发的食品安全事件令人胆战心惊，例如生产、销售不安全食品，欺诈消费者，虚假宣传等。一个又一个食品安全事件，引起了公众对食品安全的重视和关注。另外，广州市在食品安全方面投入了极大的宣传。广州市政府通过举办食品安全宣传周、制定广州市食品安全事故应急预案等方式使得食品安全意识深入人心。

根据广州市食品药品监督管理局发布的《广州市食品药品监督管理局2017年工作总结》可发现，广州市2017年立案查处违法行为5 338起，罚没8 818万余元，移送公安食品药品案件共计123起，捣毁制假窝点149个，有效震慑了食品药品违法犯罪行为。让公众对食品安全问题的印象不再是远在天边，而是近在眼前。在信息公开和宣传方面，广州市食品药品监督管理局充分利用市政府信息公开网站和新闻媒体等多种渠道对外公开食品药品安全信息，同时也宣传食品药品安全的重要性。特别是对公众关注度高、公益性强的热点信息主动及时公开。2017年通过门户网站发布政府公开信息53 454条,在线访谈3次,借助移动新媒体公开信息2 901条,政务微博公开信息2 401条,“广州社区FDA”微信公开信息500条,信息公开和食品安全宣传工作从数量上和覆盖面上均取得了明显成效。①

部分受访者反映广州市食品安全有待改善。李女士表示:“食品安全方面,我感觉地沟油问题比较严重。地沟油在一些大排档存在的比较多。现在的年轻人喜欢吃大排档,所以说年轻人要格外注意。我爱吃烧烤、火锅之类的,平时在食品安全方面其实我也不太注意。就算我们会担心地沟油这种情况,或者类似的各种食品安全方面的隐患,基本上还是想吃就会去吃的。年轻人对食品安全方面的安全意识不是很强。”

2. 社会安全存在隐患,治安水平仍待提高

当前我国的改革发展正处在关键时期,改革的不断深化必然涉及利益关系的调整,不可避免地出现各种矛盾和问题。有些矛盾相互交织,易于激化,对社会稳定影响较大。例如,治安安全已成为事关人民群众安居乐业、国民经济持续健康发展的重大问题。在访谈中,受访者普遍对广州市的治安安全表示担忧,认为仍有一些不良因素危及治安安全。虽然广州市的社会治安满意度较高,偷盗、斗殴现象少了很多,但是仍然存在着突出的问题。

2016年广州市刑事案件立案数为156 534件,破案数为29 408件,破案率为18.8%;治安案件受理数为177 562件,查处数为172 443件。2017年广州市刑事案件立案数为128 815件,破案数为29 408件,破案率为22.8%;治安案件受理数为165 474件,查处数为161 946件。② 从上述数据可以看出,广州市刑事案件和社会治安案件数量在近两年有下降的趋势,破案率亦有小幅上升。但仍要清楚地认识到,广州市作为人流和资源汇聚的超大城市,无论是刑事案件还是治安案件,都对城市居民的治安安全感造成极大影响,在广州市刑事案件和治安案件绝对量仍处于高位的情况下,应对此保持警惕。

部分受访者表示广州市治安安全有待继续加强。在治安安全方面,杜先生表示:“广州虽然已经‘禁摩’了,就是现在也还有一些‘摩的’在用电动车拉人。有新闻说广州火车站在深夜的时候,还会出现一些‘摩的’。广州这种大城市,

---

① 数据来源于广州市人民政府门户网站。

② 数据来源于《广州统计年鉴2018》。

外地人也很多,社会治安难度相对较大,有时会出现抢劫这类情况。”

3. 公共卫生安全愈发重要,疫苗事件使人担忧

经过毒疫苗事件,受访者将公共卫生安全看得很重。受访者认为公共卫生安全是特别重要的一个方面,毕竟公共卫生情况直接影响到人们的身体健康状况,而健康权是一个人最根本的权利,需要得到切实保障。另外,抗生素滥用也是影响公共卫生安全的重要因素。据受访者反映得知,很多人都有过感冒就被医生建议输液的情况。除此之外,也有不少受访者认为公共卫生安全不是仅凭城市居民一己之力就能得到保障的,需要政府出更多的力,用更多的心血去维护。

通过查找广州市相关统计数据发现,近年来广州市全社会人均卫生资源逐年增加,每万人口卫生机构床位数 2011 年仅有 51.7 个,2017 年已经达到 62.2 个,加上广州人口基数较大,这给广州市公共卫生事业造成很大压力,大医院床位不够等现象经常发生。公共卫生事故数高居不下,在 2017 年甲类、乙类传染病发病率达到了每 10 万人发病 356.49 人,造成的损失较大。儿童免费接种率达到了 99%,对此,家长更加担心疫苗是否安全等问题。①

部分受访者表示对当前公共卫生安全状况有所担心。季先生认为:“首先要解决公共卫生安全问题,包括之前的疫苗事件。如果我以后有小孩的话,可能会考虑带她去外地打疫苗,这样的话会比较安心。因为的确有些地方的相关监管力度就比我们这里大,而且惩罚措施也比我们这里有力。”

“禽流感”疫情、“假疫苗”事件以及抗生素的滥用等多方面因素导致了广州市公共卫生安全面临严峻的局面。公共卫生安全已成为城市居民所认为的最重要的城市公共安全问题之一。

(二)广州市城市居民关注的城市公共安全问题剖析

受访者基于不同的生活经历、知识背景对九大类城市公共安全问题进行选择,赋予各类城市公共安全问题不同的重视程度。本部分内容致力于发现影响受访者做出不同选择的因素,并对受访者的选择原因进行深入分析,得出受访者进行选择的深层次原因,为政府科学发现并解决城市公共安全问题提供参考。

① 数据来源于《广州统计年鉴 2018》。

1. 与城市居民生活的相关性成为首要影响因素

食品安全是与人民群众的生命健康关系最为紧密的安全领域，这一领域具有覆盖面广、牵扯部门多、情况复杂等特点。虽然目前我国在食品药品领域治理成效显著，很少出现危害人民群众的重大事件，但公众对这一领域的事件非常敏感，一个小事故都可能造成严重的社会舆论，因此各公共安全分项与公众生活的密切程度成为受访者做出选择的首要影响因素。

2015年广州市十件民生实事第二轮征选回收问卷5 058份，广东省的省情调查研究中心向媒体公布了投票结果，结果显示城市居民对食品安全关注度最高，得票数超过4 000票。在46个选项中，超过一半(57.77%)的受访者希望政府相关部门强化食品安全监督抽检力度、实现100%抽检。① 食品安全已成为目前呼声最高的民生实事。外卖食品是食品问题的高发区，随着城市化的快速发展，电商也迅速发展，广州市外卖行业也有越来越多的商铺加盟。外卖点餐有利有弊，有利是不用人们费时费力地去寻觅一顿饭，弊处是隔着互联网，你并不知道你所选择的商家环境如何、卫生状况如何。据调查显示，2016年人们点了33亿单外卖，外卖配送员的足迹相当于绕地球赤道跑了8万圈。② 2017年，广州市食品药品监督管理局网络餐饮服务食品安全联络工作第一次联席会议在广州市召开，会议呼吁：食品经营者是食品安全第一责任人，确保食品安全是食品经营者的法定义务。综上所述，食品安全直接关系到人民的生命健康安全，是社会健康发展的关键，食品安全问题一直是老百姓心目中最看重的公共安全问题之一。因此，大多数受访者认为应该首先解决食品安全问题。

部分受访者对于广州市食品安全问题仍心存疑虑。郑老师认为："食品安全方面不良的商贩太多，你不知道它会放一些什么东西在食品里面，实在是不敢吃。有的人只想自己赚钱，没有想过食客的健康问题。"

李女士认为："首先应解决食品安全问题，现在我能感觉到食品药品监督管理部门也进行食品安全控制了。目前的情况基本是能少在外面吃，就少在外面吃。年轻人对食品安全方面的意识不是很强。"

金先生也提到食品安全问题："我在外打工，平时就在外面吃饭。如果吃到一些不干净的饭菜，不仅影响身体，还耽误工作。广州虽然会有相关检查，但是还不够到位。"

① 数据来源于人民网。

② 数据来源于中国经济网《2016国民外卖账单》。

江小姐认为:"食品安全方面,我希望相关部门的质检做得严一点,感觉现在管控得都很松,什么都不太安全。广州人最爱美食,所以食品安全尤为重要。"

2. 政府关注度成为受访者选择的重要考虑因素

近年来,建设"安全城市"已成为广州市政府的热点议题。广州市政府推出了一系列相关政策提高治安安全水平,开展"食品安全宣传周"活动向公众普及食品安全知识。2018 年广州市被评为"全球网络最安全的城市"。为使城市居民更具安全感,广州市政府建设"数字广州",不遗余力地落实各项新举措来保障信息安全,成效显著。

信息安全是一个全国性的问题,而广州市作为一个信息化高度发达的城市,城市居民的个人隐私信息被盗取使城市居民感到不安全。很多受访者表示自己或者身边认识的人都遇到过网络或者电话诈骗、个人账号密码被盗取的情况。造成城市居民信息不安全的主要原因是不法企业或机构将客户信息卖给诈骗分子等。随着信息化进程的加快,城市居民个人信息透明度越来越高。2017 年头两个月,广州市电信诈骗警情同比下降 33.8%,侦破电信诈骗案件同比上升 31.8%,依法刑事拘留电信诈骗嫌疑人同比上升 23.9%。① 随着互联网技术的普及、应用、推广,新的网络支付方式等新技术、新服务、新业态频频被用来实施诈骗,不法分子的骗术也在不断翻新。2017 年以来,广州市的兼职、网络购物等领域的网络诈骗案发数都比较高,20 岁以下的受骗者占 13%,20～29 岁的受骗者占 24%。② 受骗群体以学生和刚参加工作的年轻人为主,他们是网络购物的主力军,也是容易上当受骗的群体。广州市警方开展"飓风 2017 专项行动",重点打击新型电信网络诈骗、网络金融犯罪、抢劫抢夺和入室盗窃犯罪、黑恶势力犯罪、经济领域犯罪等五类突出违法犯罪。同时,对人民群众反映强烈的黑客攻击破坏和网络侵犯公民个人信息犯罪从严从重予以打击,坚决维护网络安全、信息安全和人民群众合法权益。广州市公安局表示,广州市警方 2018 年将打击电信网络犯罪包括侵犯公民个人信息犯罪作为重点打击内容,通过"大数据""云计算"开展精确研判,提升新形势下对智能犯罪、新型犯罪的动态打击能力。同时,广州市公安局与知名互联网企业以及运营商建立战略合作机制,加强警方与企业合作,为网络犯罪线索发现、追踪等提供智力支持。由于信

① 数据来源于央广网。
② 数据来源于新华网。

息犯罪带来了较为恶劣的影响，因此部分受访者建议优先解决信息安全问题。

部分受访者对于广州市信息安全十分担心。张先生对此颇有看法："信息安全方面，政府应提高网络安全指数，防止黑客入侵。对一些金融盗窃和诈骗，惩罚力度应大一点。现在是一个信息网络化时代，有网络带来的便利肯定也有网络带来的风险。在源头上还是没有什么特别好的措施，就是加强宣传，让大家提高警惕。"

袁小姐认为："希望政府能优先解决信息安全问题。私人的信息被用于买卖，甚至被明码标价。政府应严加管理，从买卖的源头去管控，对个人信息进行更加有力的保障。现在基本上所有的软件都会要求绑定用户的私人信息。个人信息一旦泄露就有可能被拿去售卖。另外，不是每个城市或者每个地方都对信息安全特别敏感或者特别重视。如果广州市政府能率先对信息安全问题进行整改的话，能起到一个非常好的带头作用。"

何女士认为："政府应该优先解决信息安全问题。现在信息盗窃的事件太多了。我的很多亲朋好友都有被诈骗的经历，所以我对信息安全问题十分担忧。"

3. 社会舆论引导极大地影响着受访者的选择

各公共安全分项的社会舆论关注度大小也是受访者做出相关选择的重要影响因素。在研究启蒙运动的过程中，哈贝马斯提出了公众空间的概念。公众空间意指任何公众可以自由且理性辩论和形成舆论的社会空间，这个空间中形成的舆论也能进一步影响上层建筑。哈贝马斯认为启蒙时期的小酒馆可以被视作公众空间的雏形，但是在他提出这个观点的时代(20 世纪中叶)，真正符合定义的公众空间并没有出现过。从舆论的二元性来看，社会舆论能够使公众对事物的认知产生影响和引导。一些公共安全分项由于新闻媒体的报道和其本身的社会影响力，使得受访者对此分项印象深刻，成为影响受访者做出选择的重要因素。这不仅反映出城市居民重视这些公共安全分项，也说明广州市在这几个领域的安全维护仍有进步空间。

部分受访者认为广州市治安状况仍较为复杂。马女士说："整体来看，我认为社会治安问题需要进一步解决。"

龚女士表示："关于社会治安问题，我还是有点担心的。我之前看过这么一篇报道，我老家的一个人高中毕业后来广州工作，后来他在遭遇抢劫事件时被杀了。我之前在其他地方实习的时候，老板也说他们之前在广州的时候，感觉广州的人很多,而且非常住人口较多,流动性很大,会遇见抢劫事件。”

4. 职业、经济收入是影响受访者选择的重要因素

由于本次的受访者职业不同、经济收入不同,他们的身份背景也有着较大差异,因此对政府亟待解决的公共安全问题有着自己不同的理解。比如进城务工的非广州市户口人员认为社会保障对他们来说急需解决,而开车上下班的白领或者个体户老板觉得交通堵塞会影响他们的生活。这表明虽然人们都身处广州市,但是由于其职业和经济收入等个体因素不同,他们关注的具体公共安全问题也有所不同。

世界大都市公交系统承载人口出行比重在50%～60%之间,与世界大都市公交系统相比较而言,广州市城市居民出行选择公交的比重为50%。[①] 在广州这样的大城市,多元的公共交通设施,给了多元生活以可能。广州的公共交通虽便利,但是分布却不均。例如,有的城市居民偶尔去拜访白云区、番禺区的亲朋时,必须早早返回,因为公交车班次少且发车间隔时间长;去海珠区的周边游玩时,步行很久都找不到公交站牌,也不见有公交车驶过;而在老城区,到深夜下夜班时,五六辆夜班车密集地出现。公共交通能够通到“最后一公里”是现在很多城市居民的呼吁。很多城市居民出行仍然有诸多不便,身处郊区的广州市城市居民可选择的公共交通种类较少,而且和老城区相比,公共交通线网覆盖率偏低,致使出行不便。

部分受访者对广州市的社会保障安全和交通安全抱有意见。王女士谈及社会保障问题时说:“我每个月工资微薄,还要交房租,吃饭都成问题,社保(社会保险金)太贵了。社保跟医保一起买,一个月要一千多块钱,我们现在不是生活,而是生存。生活不应是这个样子的,我们现在只是为了满足最基本的生存。”

丁女士则谈及了广州市的地铁:“公共交通是有一些隐患的。地铁的人流量真的是太大了。我平常挤地铁是一种拼尽全力去挤的那种状态。虽然一个站台可能分了好几条线,但是我还是觉得它的人流量太大。比如说有三列车同时都在那个站,但是每一列车上的人都是非常满的,发生踩踏事件的可能性较大。”

徐先生表示:“我认为最应该改进的方面是交通安全方面。交通安全方面我希望政府能尽量解决好堵车的问题。”

---

① 数据来源于中国网。

四、提升广州市城市公共安全的有关建议

在中国快速城镇化的背景下，在习近平总书记“总体国家安全观”的指引下，保障城市公共安全已经成为城市治理体系和治理能力现代化进程中的重要任务之一。只有正视目前我国城市在发展过程中仍然面临的诸多问题，才能进一步提高我国城市公共安全发展的总体水平，提升城市居民的安全感。广州市受访者从自身实际和生活体验出发，表达了自己对于城市公共安全各分项满意和不满意的观点及原因，并积极为解决现存城市公共安全问题建言献策。

（一）政府要凝聚共识，稳步推进立体化安全管控体系建设

良好的城市公共安全管控体系使得城市居民对城市公共安全管理产生了较好的信任。过去，在食品安全、公共卫生安全事件中之所以产生远高于事件本身的社会影响，多是由于广大城市居民对城市公共安全治理体系的不信任，从而产生了一种极易蔓延的“负面氛围”。这种“负面氛围”给城市公共管理者在处理食品安全事件、公共卫生安全事件、生态安全事件等方面造成了诸多困难。因此，政府作为风险治理主体能够做到各方面凝聚共识，在思想认识层面高度重视，能够将稳步推进立体化安全管控体系建设列入各城市政府的重要议事议程，抓紧研究、细致规划、加快部署、强化推进、狠抓落实。明确稳步推进立体化安全管控体系建设中各主体的责任与职责，进一步加强思想和认识上的统一性。

受访者认为政府各部门应凝聚共识，增强责任意识。胡先生认为：“政府要有责任意识，应主动在排水系统上加大投入。排水系统要看土壤的结构，还要看地下水网络，不是那么简单。排水系统整改的话题，这么多年一直在提，也整改了这么多年，还是没有一个很好的效果。这需要相关部门共同落实职责，对整个地下相关设施进行修改。”

（二）加大宣传力度，提升城市居民参与城市公共安全治理的意识

城市居民公共安全意识的提高是保障城市居民积极参与城市公共安全治理的基础。城市居民公共安全意识的增强，对提高政府公共安全管理水平，加强政府相关职能部门及第三方组织在保障城市公共安全方面的能力，都具有重要的作用。在这个过程中，政府及第三方组织需要通过各类宣传手段努力提高城市居民的城市公共安全意识，鼓励城市居民对危害城市公共安全的事件进行监督和举报。政府在食品安全、信息安全、生态安全、交通安全等公共安全领域

的治理过程中，应最大程度保障城市居民的知情权、选择权和行为权，并激励城市居民积极行使自身权利，建设一种城市公共安全治理各主体"共建共享、群防群治"的城市公共安全机制，保障城市公共安全治理水平不断提升。

受访者认为政府应鼓励城市居民参与城市公共安全治理。翟女士提出："对于公共卫生安全，国家要加大宣传力度。为了保障城市居民的健康权，要让城市居民积极地去医院打疫苗，努力让城市居民意识到公共卫生安全的重要性。对于食品安全，政府应该加大监管力度，鼓励城市居民对此进行监督投诉。以前出现过地沟油事件，因此要加大对相关商家的管理力度，保证基本的食品安全。"

（三）充分发挥新闻媒体的监督作用

在一些国家，新闻媒体监督被当作除了立法、行政、司法三大权力之外的"第四种权力"，在一个国家的政治、经济和社会生活中极具影响力。舆论监督具有事实公开、传播快速、影响广泛、揭露深刻、导向明显、处置及时等优势，能够快速聚集人们的注意力，形成社会压力，引起政府有关部门的高度关注，促使司法机关秉公办事。在应对城市公共安全事件中，政府应鼓励新闻媒体大力开展舆情监测、舆论监督。以食品安全为例，新闻媒体在公共安全事件中发挥着极大的作用。一方面，新闻媒体将食品生产、经营单位的生产状况、卫生信息、信誉等级、行政处罚、食物中毒发生等情况向社会公开，起到社会公众监督、企业他律的作用。另一方面，新闻媒体根据生产者、经营者存在安全隐患的一些举报线索，对无良企业、造假窝点、有关部门不良管理等问题进行舆论监督，推动食品安全风险排查和隐患管控工作。

受访者认为政府应充分发挥新闻媒体的监督作用。袁小姐觉得政府可以借力舆论监督："政府的政策出台会有一定的滞后性，而舆论监督在反应速度上会更有优势。但是，舆论监督同时会有一些不理智的因素存在，而且有着很大的不确定性，对于监督力度的把握也不是很专业、很精准，在这方面还需要政府出台相关政策来对它（舆论监督）的一些缺陷进行弥补。"

（四）重视城市公共安全法治化建设，做到有法可依、执法必严

面对城市公共安全面临的日益严峻局面，国家虽出台了《消防法》《防震减灾法》等单一灾种法规，但没有综合性的、包括各灾种在内的、适用于全国城市公共安全领域的有关法律。2018 年《关于推进城市安全发展的意见》和国家应

急管理部的成立，进一步促使城市公共安全发展法治化、系统化和整体化。政府要充分发挥“互联网＋”和“大数据”优势，构建科学、全面、战略性的城市公共安全发展理论体系和实践方法，更好地指导城市公共安全可持续发展。

受访者认为政府应加强法治化建设来保证城市公共安全。郑老师认为：“首先要提高公民的守法意识，提高公民的道德水平，加强公务员的管理能力，培养一批执法能力强、清廉的执法队伍，人人守法、人人懂法、有法可依、有法必依。公民有法律意识，再通过舆论和社区，培养公民的道德意识，提高公民的道德素养。”

张先生也有着类似的观点：“立法机关应制定完善的法律，政府人员应依法行政。如果谁触犯了法律，就应受到相应的惩罚。”

（五）关注弱势群体，完善社会保障制度

受访者中很多外来务工人员表述了城乡医疗保险和养老保险的差距，表示希望能够得到更公平的社会保障待遇。广州市是一个贫富差距较大的城市，为此广州市政府已经积极采取措施来减少贫富差距，完善医疗保险和养老保险制度，尽力解决弱势群体的生活之忧。广州市政府日后应加大以下两方面的工作：第一，政府应该主动调整财政支出结构，节省财政开支，把节省下来的资金用在扩大就业和加大社会保障投入上，促进社会保障体系建设。第二，弱势群体社会保障制度的建立，要尽早提上议程。比如，针对现有流入城市打工的农村人员政府可结合城市户籍制度改革，为该群体制定初步的养老保险和医疗保险办法等。

受访者认为政府在社会保障方面应更加关注弱势群体。苗女士提出：“社会保障问题和养老方面的手续太麻烦了，每年都需要拿身份证并去指定地点照相。这样规定是为了防止有人死亡家人冒领养老金，这个是必要的。但是像我们在城市里带小孩的老年人不可能年年都回去，不回去就拿不到养老金。我认为村委会应该要把时间方面的规定变得灵通一点。”

王女士认为：“应有针对性地降低社保、医保价格，给予低收入人群适当的政策优惠。”

张先生表示：“希望社会保障不要每个月增加钱，对于一些不在编制的人来说交社会保险和医疗保险，其实并不划算。我宁愿去买商业保险。我希望国家能够在社会福利方面给予弱势群体一个比较好的政策。”

济 南 篇

访谈时间：2018年10月4日—10月14日

访谈地点：历城区、历下区、槐荫区、长清区、章丘区

访谈人员：王雅慧　周子婷

济南市是国务院公布的历史文化名城，因地处古四渎之一"济水"(故道为今黄河所据)之南而得名，简称"济"，别称"泉城"。济南市的地理位置介于北纬36°01′～37°32′，东经116°11′～117°44′，南依泰山，北跨黄河，地处鲁中南低山丘陵与鲁西北冲积平原的交接带上，地势南高北低。济南市的地形可分为三带：北部为临黄带，中部为山前平原带，南部为丘陵山区带。济南市是中国东部沿海经济大省——山东省的省会，山东省的政治、经济、文化、科技、教育和金融中心，重要的交通枢纽。济南市四周与德州、滨州、淄博、泰安、聊城等市相邻。济南市的总面积为10 244平方千米。① 2018年年末济南市常住人口746.04万人。②

一、调查背景

对于公共安全，人们应增强忧患意识和责任意识，始终保持高度警觉，任何时候都不能麻痹大意。近年来，我国城市公共安全事件频发、影响逐步扩大，城市公共安全管理面临前所未有的严峻挑战。本次深访调研通过"中国城市公共安全管理智库"这一平台，进一步拓展了城市调研范围，延展了调研深度，采用深度访谈的形式，深度挖掘了城市居民对于公共安全的感受，为城市公共安全领域的后续研究提供了第一手资料。

① 来源于济南市人民政府网站。

② 数据来源于《济南统计年鉴2019》。

经过前期的调研培训,访谈人员对此次调研进行了整体规划,访谈时间共11天,从2018年10月4日至10月14日,访谈地点选在历城区、历下区、槐荫区、长清区以及章丘区。访谈人员辗转在几大区,充分领略了济南的城市风貌。

32位受访者从性别上看,男性占59%,女性占41%,男性和女性人数基本持平;从年龄上看,30岁以下的青年人数最多达44%,30~40岁的受访者占22%,40岁以上的受访者占34%,年龄分布较为均匀;从籍贯来看,72%的受访者为济南本地人,28%的受访者为后期定居或外来人员;从职业状况方面来看,学生及上班族人数占比最多,达72%,此外还有3位自由职业者和6位退休人员共占比28%。总体来说,此次受访者在性别、年龄、籍贯及职业状况方面的选取具有一定代表性。

二、济南市城市公共安全评价

城市公共安全评价反映了城市居民对整个城市环境的安全感知程度,关系政府角色、公共政策、行政管理行为、人民生活、社会稳定等多个层面。本次调研从更加全面的角度编制了符合当代中国国情的城市公共安全访谈提纲,通过了解济南市城市公共安全状况,呈现出济南市的公共安全现状、面临的挑战以及存在的问题,为济南市政府的公共治理提供了一些建设性的意见和建议。

(一)济南市城市公共安全整体评价

通过城市居民对自然安全、生态安全、公共场所设施安全、食品安全、公共卫生安全、交通安全、治安安全、社会保障安全、信息安全等九个方面的评价,得出济南市城市居民对济南市公共安全状况最满意和最不满意的几个方面,突出济南市城市公共安全状况的显性问题和隐性问题,为济南市政府的公共治理提供借鉴。

此次调研中,当问及"您对济南市的公共安全状况总体的满意程度?"时,受访者大多表示十分满意或者比较满意。具体到每一个类别,如图1所示:23人表示对治安安全满意,21人表示对自然安全满意,20人表示对公共卫生安全满意,19人表示对生态安全满意,分别有15人表示对社会保障安全和公共场所设施安全满意,13人表示对交通安全满意,6人表示对食品安全满意,1人表示对信息安全满意。这表明济南市在食品安全和信息安全方面的工作尚需加强,改进空间较大。受访者的满意度反映出对政府在治安安全、自然安全、公共卫生安全相关公共政策的认可,也提升了城市居民对政府的信任感。

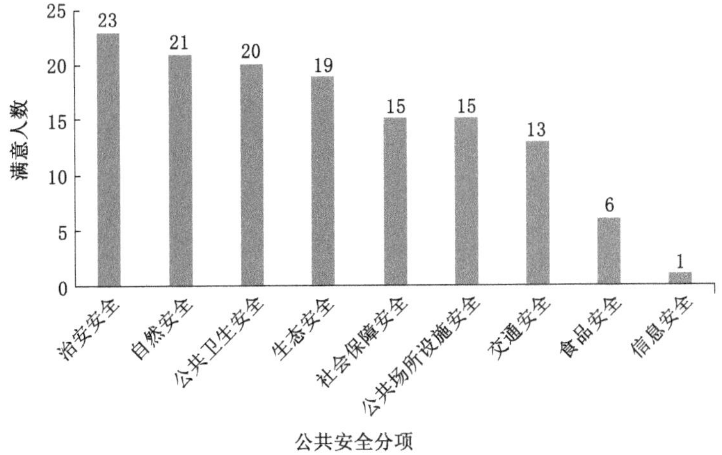

图 1　令人满意的济南市公共安全状况

经过调研数据对比可发现，济南市城市居民对于城市不满意的公共安全分项较为集中，且和满意的公共安全分项几乎能够相互印证。据统计，对信息安全和食品安全不满意的人数最多，分别为 21 人；对交通安全不满意的人数次之，为 10 人；对公共场所设施安全不满意的有 9 人；对社会保障安全和生态安全不满意的分别为 7 人和 6 人。此外，对自然安全和公共卫生安全不满意的分别为 5 人和 4 人；治安安全方面满意程度较高，仅有 2 人对此表示不满。整体来看，济南市的食品安全、信息安全、交通安全、公共场所设施安全、社会保障安全等并不令人满意，具体见图 2。

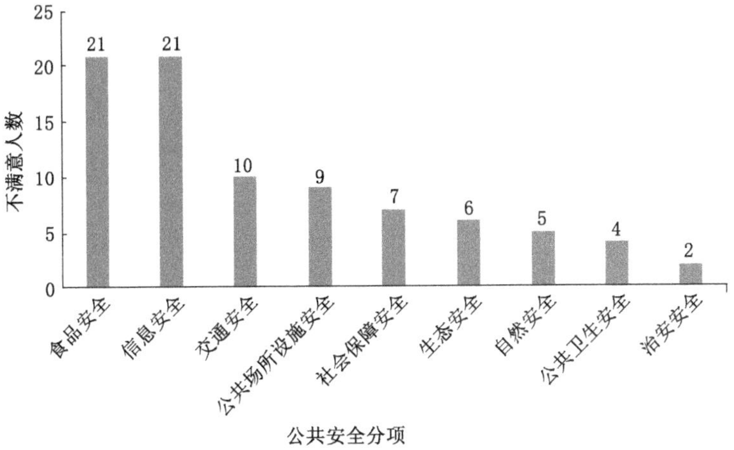

图 2　令人不满意的济南市公共安全状况

（二）济南市城市公共安全分项评价高的原因

治安安全方面，济南市巡警及外包协警巡逻制度健全；2017年，济南市健全落实社会治安综合治理领导责任制。自然安全方面，济南市地处中国华东地区、山东省中西部、华北平原东部边缘，从地理结构上看，济南市并不处在地震带分布区。公共卫生安全方面，近年来，济南市政府逐渐形成了比较成熟的卫生预防机制；社区医院配套比较完善，很多城市居民对济南市的公共卫生安全表示满意。

1. 警力巡逻制度健全，天网工程建设良好

济南市的公共安全整体状况较好，尤其是学校周围的交通和治安状况良好，治安保障措施健全。例如，家长轮流值班制，学校保安配合学校老师站岗制等。天网工程覆盖面广，在全国扫黑除恶背景下，济南市进行了社会治安犯罪全面治理，死角问题以及“保护伞”问题逐步得到清理。同时，济南市的公安系统完备、警力充足，各个场合都会有警察及保安进行执勤巡逻。

受访者认为济南市天网工程使得治安安全让人放心。药先生结合自身工作和知识背景表示：“从社会治安方面来说，虽然互联网上公布的案件比较多，但是在本市范围内，据我们了解整体的恶性犯罪呈下降态势，而且在天网工程覆盖面非常强的情况下，犯罪成本是非常高的，因此社会治安越来越好。而且最近全国正在进行扫黑除恶大型活动，这个活动清理了一些过去的死角问题、‘保护伞’问题，在这个过程中社会治安会进一步变好。”

2. 地理环境优越，自然灾害稀少，水资源丰富

济南市地处中国华东地区、山东中西部、华北平原东部边缘，南依泰山，北跨黄河，地处鲁中南低山丘陵与鲁西北冲积平原的交接带上，地势南高北低，属于北温带大陆性季风气候区，四季分明，日照充分。2007年济南市出现的“7·18特大大雨”事件对整个城市的建设理念产生了较大影响，促进了济南市排水设施的完善。遇到大型风灾或者暴雨的时候，济南市会随时启动应急预案以及发布应急提醒。济南市已经建立了一个初步完善的预警机制。同时，济南市城内百泉争涌，分布着久负盛名的趵突泉、黑虎泉、五龙潭、珍珠泉等四大泉群，有美泉100多处，享有“泉城”美称，水资源丰富且优质。

受访者认为济南市自然灾害较少。孙先生分享了他对济南市政府改善内涝系统的回忆：“自然灾害方面我印象最深的是2007年7月18日那天。我当年七岁，当时从少年宫回家，母亲骑自行车带着我，刚踏进家门就开始下雨了。

雨很大，当时我很害怕。这次大雨事件对济南市造成的人员伤亡和财产损失严重。事件之后，济南市的排水系统不断得以完善。我印象中的城市内涝应该就这一次了，后来相关的设施建设也逐渐完善了。”

3. 疾病预防机制成熟，社区医院服务完备

自2003年非典事件后，济南市政府对于公共卫生安全高度重视。2010年10月，济南市推行防治传染性疾病的相关预案。在济南市政府的领导下，利用全市一切资源和力量，完善政策，理顺机制，严格控制传染性疾病的传播。另外，2006年至今，济南市社区医院步入拓展提升阶段，完善体系建设，优化社区卫生服务品牌，进一步改进服务模式，搭建全市社区卫生信息平台，初步建立政府主导的部门联动工作机制，形成了社区卫生发展的良好局面。

受访者认为济南市公共卫生安全让人较为放心。孙先生结合自身体验和长期观察给出了十分中肯的评价：“济南市的公共卫生安全还不错。我们从小就接种疫苗。一般社区医院看病比较方便，私人的医院我去过几次，就是去买点药，不在那里进行接种，输液还是要去正规的大医院。挂号难这种现象在济南市基本是没有。我去医院的时候一般都是放学之后，大概五点多，就从我一直以来的观察来看济南市医院的整体分布还挺合理的，窗口也挺多的。”

（三）济南市城市公共安全分项评价低的原因

受访者除了对治安安全、自然安全、公共卫生安全等方面比较满意外，公共安全的很多方面还有待改善，城市居民的安全感、满意度有待提高。很多受访者直接表达了对于某一方面公共安全的不满态度，如：信息安全、食品安全、交通安全等，这些方面的问题比较集中、突出。信息安全方面，大数据时代，信息窃取和信息泄露的成本降低，非法贩卖信息的行为猖獗，同时老人小孩两类群体易受信息诈骗的危害。食品安全方面，外卖食品的原材料以及外卖盒的污染问题遭到质疑，食品安全监测不透明等问题给城市居民饮食带来了困扰。交通安全方面，城市可用交通工具种类少、公交车班次少，郊区此类问题更为严重。地铁规划难、单双号限行政策作用不明显等问题都使济南市城市居民担忧。

1. 食品安全监测不透明，后厨监管力度不到位

许多受访者对外卖食品原材料表示担心，同时外卖盒造成的污染问题也引起受访者的担心。食品安全监测目前透明度不高，许多外卖食品在济南市基本上没有食品经营许可证，平台督查不严格，监管不到位。其次，许多餐馆的后厨监管力度不到位，人们没法判断所吃食物的质量安全状况。同时，路边摊、餐车

的出现严重阻碍了交通,也给空气带来了一些污染。网红食品的出现往往也带来了一些食品安全隐患。

受访者认为济南市食品安全状况有待改善。孙先生分享了自己的亲身经历:“我感觉济南市芙蓉街那里的食品不是很干净,管理很乱,地上都是垃圾。外卖我不点,感觉外卖太不卫生了。食品污染、食品添加剂等问题常有报道,实际生活中的真实情况我不太清楚。即使我吃了不合格食品我也不知道,信息不对称。有一次我吃了家门口的烧鸡,半夜起来拉肚子,后来就不再买他家的了。我倒不担心食品安全越来越糟糕,这些小店现在都没了,他们要想开业现在越来越难。小的时候,马路边全是三轮车推着卖煎饼果子和烧饼的,现在一点都看不到了。”

李先生针对外卖问题也提出了自己的看法:“我没考虑过点外卖。比如说外卖食品,你只看见做好后的饭,却看不到做饭的环境、用的食材和做饭流程,谁能保证这些都是达标的呢?外出用餐的时候,我也怕吃到地沟油。所以尽量不吃餐馆的饭,吃的话也要选大一点正规一点的餐馆。”

2. 信息窃取、泄露问题严重,电话骚扰诈骗事件频发

受国内大环境以及大数据时代的影响,信息窃取和信息泄露成本降低,许多人靠贩卖私人信息赚钱,法律层次上的打击力度不够大。骚扰电话横行,内容多以推销为主。另外,移动支付等先进手段虽然方便了人们的生活,但人们仍旧担心会造成个人信息泄露问题。老年人以及青少年由于知识水平以及辨别能力的缺失,往往成为信息安全受害最严重的群体。

随着经济和社会信息化进程的加快,网络与信息系统的基础性、全局性作用日益增强,济南市经济和社会发展对网络和信息系统的依赖性也越来越大。然而,济南市网络和信息系统自身存在的缺陷、脆弱性以及面临的威胁,使信息系统的运行客观上存在着潜在风险。信息安全已经成为影响济南市发展的重要问题之一,引起了济南市城市居民的广泛关注和重视。

根据2017年济南市公安局发布的相关数据,2016年济南市发生3 600多起诈骗案,但破案率却不足5%。① 从短信诈骗、刮刮卡中奖诈骗,到利用网页种木马、“任意显号”软件,再到网页和电话混合型诈骗、利用移动客户端诈骗等新手段,信息安全一直都在威胁着济南市城市居民的财产安全,科技型信息犯

① 数据来源于大众网。

罪猖獗且不易被城市居民识破。因此,信息安全成了受访者认为济南市政府应优先解决的一个公共安全问题。

受访者认为济南市信息安全状况令人担忧。药先生结合自身经历说明了自己的观点:"信息化时代,不光是在济南,在全国可能出现了一个很大的信息安全的问题。法律层面的打击力度不够大,所以信息窃取和信息泄露的成本极低,以至于很多人靠贩卖信息赚钱。例如,如果你办过信用卡,或者是在学校里填过什么信息的话,很可能你的信息已经被泄露了。这些信息有可能会用在一些不法行为上。信息安全相当重要,例如信息、密码泄露会导致人们的财产安全甚至生命安全受到影响,这是很大的一个问题。"

王先生也表达了对信息安全的苦恼与不满:"打骚扰电话进行营销的经常有。推销这个那个,上当的人太多了,尤其是老年人。这些骚扰电话也给社会制造了麻烦,给治安带来了很不好的影响。我也不知道他们是怎么知道我的电话的,说'哪里有个课你来听吧,我们这里照顾老年人发东西,去了给你六个鸡蛋或一双拖鞋,'这种的很多。"

3. 交通通达度欠佳,道路建设施工不断

就济南市的高校来说,出行大多只能以公交车为代步工具,整个大学城的居民,只享有几班公交车的公共交通服务,交通特别拥堵。拥堵的空间加剧了危险事件的发生。道路施工导致交通更加不便,郊区的情况更为严重。济南市城市居民对于地铁的修建褒贬不一,许多人认为地铁的修建不一定会带来私家车的减少,对交通拥堵的缓解作用不大。同时,济南市泉水众多,城市居民认为地铁的规划难度大,单双号限行的实施也让城市居民担忧私家车数量的增加。在抢单利益的驱使下,非机动车尤其是外卖电动车的不守规则,也带来了许多交通安全隐患。

受访者认为济南市交通状况时有不便。吴女士结合自己的亲身经历表达了自己的苦恼之处:"我觉得济南市的交通通达度欠佳。就高校来说,出行只能是靠公交车,平时周一到周五出去还好,不是特别拥挤,但是周六周日人流量特别大的时候,整个大学城的居民,就靠着两班或者三班公交车。虽然滚动发车,但是几万学生加上附近的居民,交通特别拥堵。"

三、济南市城市公共安全问题的具体表现

城市公共安全是指在城市范围内城市居民的生命、健康和公私财产的安

全。通过研究城市居民最为重视的城市公共安全问题,不仅可以更深入地了解城市居民视角下的公共安全状况,还可以为政府等部门制定更具有针对性的政策提供参考,从而增强城市居民的幸福感、安全感。本部分内容主要探究济南市城市居民最关注的、应优先解决的公共安全问题。

(一)济南市城市居民最关注的三项公共安全问题

研究济南市城市居民认为三项最重要的本地城市公共安全问题,主要目的是掌握济南市城市居民所重点关注的方面。本部分内容从济南市居民认为三项最重要的本地城市公共安全问题的概况、成因以及城市居民选择的现实依据三个角度来展开研究。当被问及"您觉得依次来说哪三个方面的公共安全状况对于城市公共安全来说最重要?"时,受访者根据自身的生活体验进行了选择,研究数据表明,济南市城市居民最看重的城市公共安全三个分项为"食品安全""治安安全""交通安全",占比分别为30%、30%和17%,见图3。

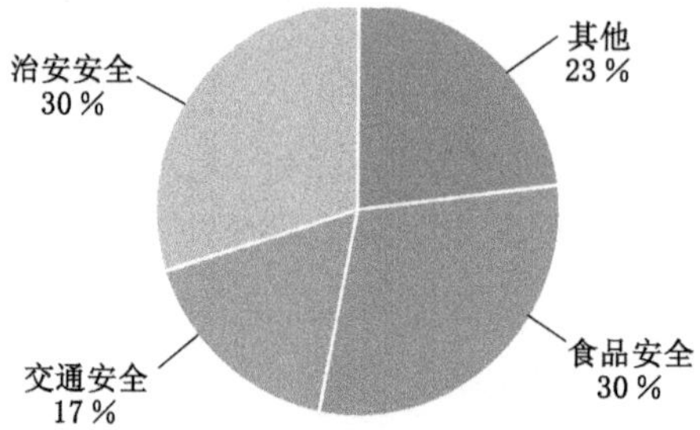

图3　济南市城市居民最关注的三项公共安全分项

1. 食品卫生监管不全面,引发城市居民担忧

民以食为天,食以安为先。食品安全问题关系民众的切身利益。改革开放以来,我国食品行业快速发展,食品总量稳步提升,食品种类日益多样化。但食品安全事件频频发生,让人胆战心惊、食之难安,严重影响了公众的幸福感和安全感,也让公众对政府的监管能力产生了质疑,损害了政府的公信力。解决食品安全问题,是事关经济、政治、社会全局发展的大事。因此,济南市为保障食品安全,也采取了相应措施,例如制定了加强后厨监管力度的相关政策等。

《济南市食品药品监督管理局2017年度政府信息公开工作年度报告》显示,"监督公示"栏目涵盖了行政处罚、违法广告、飞行检查、抽检通报等信息,2017年发布67条监督公示信息。公众通过管理局公示信息,可及时了解身边的食品安全动态。在信息公开和宣传方面,2017年度济南市食品药品监督管理局网站新增主动公开政府信息 3 021 条，市政府信息公开专栏新增主动公开政府信息 291 条，全文电子化率达 100%。①

随着城市居民家庭人均月收入的增加，食品安全相关知识的知晓率有增加的趋势；92.9%的城市居民希望获得食品安全相关的知识；城市居民最常选择超市购买食品，最担忧农药或者兽药超标的食品。城市居民对食品安全的关注度越发提升。②

部分受访者对于济南市食品安全抱有不满。张先生对食品安全也不甚满意："食品安全存在问题。我很少会出门吃饭或者点外卖食品。大部分外卖食品在济南基本上没有食品经营许可证，监管不到位。小区里边的小作坊在做外卖食品的生意，实际上这些作坊大多并没有食品许可证。"

2. 社会治安问题时有发生，治安安全有待提高

近年来，党和政府为全面解决我国社会治安问题，提出了社会治安综合治理战略方针。社会治安问题是我国社会主义精神文明建设的重要组成部分，社会治安综合治理是全面实现小康社会维护良好的社会秩序的重要保证，是加强社会主义法制建设的主要措施。受访群众普遍表达了对济南市社会治安的担忧，即使济南市天网工程比较完善、警察执勤力度大，但人们依旧对社会治安问题有着不同程度的忧虑。

2017 年，济南市委、市政府在全市部署开展"破案百日会战""两打一整治""缉毒会战"等专项行动，迅速掀起了严打整治的高潮。济南市共立刑事案件 4 812 起，破获刑事案件 4 431 起，其中破获侵财类案件 2 761 起；17 起命案全部侦破，带破历年命案积案 3 起，实现了"命案必破"的目标；抓获犯罪嫌疑人 2 067 人、逮捕 596 人，同比分别上升 43.74%、37%。③ 2011—2017 年济南市刑事案件立案数在 1 万到 6 万起之间，其中 2011 年为 53 770 起，④其余年份呈现下降趋势，而治安案件受理数量惊人，可见济南市的治安安全成为济南市城市居民最担忧的公共安全问题的一个方面不无道理。

少数受访者对于济南市治安安全仍有担忧。宋女士提出："济南市的社会

① 来源于济南市人民政府网。

② 李俊峰．济南市部分居民食品安全知识、态度、行为调查[J]．中国健康教育，2014(11)：1013-1016．

③ 数据来源于《齐鲁晚报》。

④ 数据来源于《济南统计年鉴 2018》。

治安整体比较不错,但开放式小区相对于封闭式小区可能会差一些。对于大学生群体而言,虽然社会治安相对不错,扫黑除恶的标语也很多,但是大学生晚上出门还是会尽量找室友一起。”于女士也表达了相同的担忧,表明大学生群体的安全感仍有待提升。

周女士表示:“即使济南市治安水平提高了,人们对此比较满意,但是这与自己仍旧会担心发生治安事件并不冲突。谁能保证暴力事件不会发生在自己身上呢?”

3. 交通不够畅通,行车隐患普遍存在

在现代化发达的济南市城区私家车的数量急剧增加。部分人流量大的济南市城区公交车班次少,不能满足人们出行的需求。随着生活节奏的加快,出行交通方式的选择成了人们日常生活中不可或缺的部分,而正是交通工具的多而繁杂造成了人们对于交通安全的担忧。公众对非机动车的担忧程度较大。非机动车尤其是电动车,其管控难度较大,不少电动车车主仍伴有横冲直撞的现象。在利益的驱使下,外卖电动车的风险隐患尤为严重。

截至 2017 年 10 月 25 日,济南市的汽车保有量已经超出了 200 万辆,按照济南市 706.69 万人口来计算,平均每 3 个人就有 1 辆机动车,平均每天有 1 029 辆新车办理注册登记。随着机动车保有量的增加,堵车问题将更加严峻。① 按照济南市的路网结构、城市居民的出行习惯等因素,早有业内人士指出济南市机动车保有量的极限是 200 万辆,一旦达到这个数量,济南市的交通极有可能陷入“瘫痪式拥堵”状况,从而会对济南市道路交通带来不便,增加济南市交通安全隐患。

部分受访者认为济南市交通安全存在隐患。张先生认为,“济南市现在推行礼让行人,这充分保证了行人和非机动车的安全。但是这样会产生一个新的问题,行人和非机动车尤其是电动车仗着自己受保护,有时候乱穿马路,反而会更危险。很多外卖骑手的电动车没有后视镜,车体右转时,在看不见后方的情况下,开得还比较快,很容易出问题。另外,外卖有时间限制,外卖骑手跑得越快,赚得越多,再加上外卖骑手是手机抢单制,需要随时看手机去抢单。所以说外卖骑手在行驶过程中,作为一个道路的参与者同时也是一个手机的使用者,他的时间和精力没有完全放在行使上,会造成一些事故。”

---

① 数据来源于中国山东网。

（二）济南市城市居民关注的城市公共安全问题剖析

受访者基于不同的生活经历、知识背景对九大类城市公共安全分项进行选择，赋予各类城市公共安全分项不同的重要性和重视程度。本部分内容致力于发现影响受访者做出选择的不同因素，对受访者的选择原因进行深入分析，得出受访者做出选择的深层次原因，为科学发现并解决城市公共安全问题提供参考。

1. 直观普遍性及生活关联性是影响受访者选择的重要因素

受访者谈到对优先需要解决的本地公共安全问题时，往往把日常生活中能直观接触到、最能感知到的因素作为首选因素，公共安全分项越普遍，公众越想要优先解决。食品安全、交通安全、生态安全等，其普遍性以及与城市居民生活的高度关联性使其成为受访者做出选择的首要影响因素。

2014年济南市被确定为我国首批国家食品安全示范城市创建试点城市。自此，济南市便以坚定的态度踏上了创建国家食品安全示范城市的3年征程。济南市委、市政府立下全力保障群众“舌尖安全”的“军令状”，全市上下凝心聚力，以创建国家食品安全示范城市为抓手，创新监管手段，破解监管难点，提升监管效能，走出食品安全整治的好路子，让“盘中餐”令人放心，将“食安”打造成济南市的一张“新名片”。济南市各级党委和政府高度重视食品消费安全工作，按照以人为本、科学发展的要求，强化领导和组织落实，作为实现执政为民的实际行动，统筹规划，推进食品消费安全基础环境和设施建设。2018年12月，为促进网络订餐食品安全社会共治，探讨网络订餐食品安全现状、存在的问题和意见建议，提升济南市网络订餐食品安全管理水平，济南市市场监管部门举办了网络订餐食品安全座谈会，对食品安全监测予以高度重视。在此背景下，济南市城市居民越发重视自身及周围的食品安全问题。

部分受访者对于能直观感受到的公共安全问题分析尤为关注。王先生表示应将食品安全放在首位：“食品安全应该做好，因为病从口入。食品是人每天生活必须吃的东西。”

王女士认为社会治安最重要：“我会选择首先解决治安安全方面的问题，因为治安安全时刻影响着人们的生活。”

谢先生认为：“应该优先解决食品安全、交通安全和生态安全方面的问题，这些都是人们每天都要面对的各个方面。”

2. 能否使生活节奏快捷化成为受访者选择的重要考虑因素

随着现代化进程的加快,人民的生活节奏正在逐步加快,每个人都在城市里为自身的生存与发展而奋斗,都处在有一丝松懈就可能会被淘汰的激烈的市场竞争中。因此,当公共安全分项能够最大限度地方便城市居民的生活,能使城市居民生活快捷化时,就成了城市居民优先选择的重要考虑因素。

随着济南市经济的高速发展,交通问题成为百姓关心的重要民生问题之一,交通出行便利与否成为关乎百姓生活质量的一个方面。济南市传统交通管理粗放型、单一化、简单化的方法与模式已经很难满足城市居民当前交通出行的现实要求。同时,鉴于交通管理的复杂程度和系统化要求,需要逐层分解做到精分细化,将交通管理工作做到细微之处。为提高济南市交通效率,精细化管理方法与城市交通管理工作相结合的模式已成为济南市未来交通管理领域中不可或缺的一部分。

《2016 年度中国主要城市交通分析报告》显示,济南市历下区交通拥堵状况位列全国前两名。《2017 年度济南市安全文明出行状况发布通报》显示,截至 2017 年 10 月 25 日,济南市机动车总保有量突破了 200 万辆大关。全年共新增机动车 27.5 万辆,机动车总保有量达到 206.5 万辆;近 3 年私人小型载客汽车年均增长 14.95%,居全国高位。全年新增机动车驾驶人 16.8 万人,驾驶人总量达到 238.1 万人,同比增长 7.4%。① 济南市面临陷入"瘫痪式拥堵"的风险,因此,较多受访者建议优先解决交通安全问题。

部分受访者希望济南市能在保证公共安全的同时加强便捷度。饱受交通问题困扰的宋小姐认为,"最应该改善的是交通安全方面的问题。济南市这么大,交通安全还是需要改善的。地铁的话,确实是一个就目前来讲比较有效的改善交通的方式。"

王先生表示:"应使大家出行方便,不要让人们久等。像济南的一些老城区或者是济南周边一些郊区,坐车非常不方便,希望相关部门能对这些线路好好规划规划。"

3. 事发的危害程度成为受访者选择的考虑因素之一

各公共安全分项对城市居民的影响程度大小也是受访者做出选择的重要影响因素。有些公共安全分项在事发后稍加处理可快速解决并且危害较小,但

① 数据来源于《济南日报》。

有些公共安全分项一旦事发，其危害程度则令人担忧不已，严重影响城市居民正常生活。这些公共安全分项由于其爆发事故后的严重后果，使得城市居民颇为担心，也就成为影响受访者做出选择的因素之一。

济南市是山东省的省会，是展现山东省大省、强省形象的窗口。空气质量偏低、污染程度较重，一直是影响济南市作为省会形象的两个因素。济南市的土质和特殊的地理位置容易造成扬尘。济南市地处黄河的中游、黄河的南侧，是黄河冲积平原的重要组成部分。从土壤来看，属于黏土型土壤。这种类型的土壤容易形成“雨天一湾泥，旱季漫天土”的扬尘天气。从地理位置上看，济南市的北面和西面，都是黄河冲积平原的组成部分。春季和夏季，西南风的季风将西面的尘土带进了济南市，而秋季和冬季，西北风的季风将济南市北面的黄河河滩泥土吹进济南市，从而造成空气质量下降。

裸露的建筑工地和缺少篷布遮蔽的建筑运送车辆是目前污染济南市空气的重要因素。据不完全调查统计，济南市市区及周围有大约数百个建筑工地。尽管这些建筑工地都通过了由山东省环保局审阅的《环境评价报告》，但在实施过程中，很多建筑工地并不按照《环境评价报告》的要求采取必要的制止扬尘的措施。

济南市机动车以每年15%的速度快速增长，济南市大气污染由过去的煤烟型污染转变为扬尘、机动车尾气和煤烟型混合污染，机动车排气污染已成为济南市大气污染的主要污染源之一。

部分受访者认为济南市生态安全仍需继续提高。郭先生认为：“雾霾污染问题亟待解决，这涉及城市居民的健康问题，粉尘会引发支气管炎。到冬天，有些工地包括燃烧性质的工厂该停都得停。在工厂取得利益的同时，也应该限制它的排放。应该从PM2.5排放大的地方去寻找限制工厂排放的方法，然后一步一步地将环境治理真正做起来。我们自己出门也应少开车。”

四、提升济南市城市公共安全的有关建议

城市公共安全治理任重道远，政府肩负着重大的责任。政府作为城市公共安全治理的主体，不仅是公共安全治理的直接推动者，同时也是政策的制定者和实施者。公共安全治理政策创新要充分尊重人民群众的主体地位，发挥人民群众物质财富和精神财富创造者的优势，不断探索反映人民意志的治理路径。济南市受访者从自身实际和生活体验出发，表达了自己对于城市公共安全问题

各方面满意和不满意的观点及原因，并积极为解决现存公共安全问题建言献策。

（一）加强济南市政府监管力度，实施强制性法规及措施

政府的监管是城市公共安全的守门人，通过加大政府监管力度，实施强制有力的法律、法规措施等，使扰乱公共安全的不法分子不能为、不敢为、不想为。

受访者认为政府应加强监管力度来保障公共安全。在食品安全方面，李先生认为："食品安全还得看国家管控，得加大力度。比如说前几年的地沟油事件，国家就应该管控起来。如果谁用地沟油被发现，举报者有奖，使用者被处罚，且处罚的力度非常大，那谁还敢用呢？"

在信息安全方面，李先生表示："如果说要国家颁布一个强制法令，禁止一切电话销售，电话短信就不会受到那么多骚扰了。老百姓想要买东西，只要商家做得好又有诚信，肯定会一传十十传百，不用电话短信宣传。"

交通安全方面，张先生提出了自己的建议"在政府层面，应出台相关的法律法规并严格执行；在城市居民层面，应加大宣传和教育，形成人人知法、人人守法的良好氛围。"

（二）明确政府各方职能，综合治理

综合治理是党和国家解决社会治安问题的战略方针。在各级党委和政府的统一领导下，以政法机关为骨干，依靠人民群众和社会各方面的力量，分工合作，综合运用法律、政治、经济、行政、教育、文化等各种手段，惩罚犯罪，改造罪犯，教育挽救失足者，预防犯罪，达到维护社会治安，保障人民幸福生活，保障社会主义现代化建设顺利进行的目的。同时，政府要职能明确，该管的管住，不该管的下放。

受访者认为政府各部门应明确职能，保证城市居民的公共安全。李先生认为"政府相关部门应做好规划协调或协同规划。比如，一件事情涉及多个部门，如果自己只干自己的事不好，对社会来说会造成社会资金浪费，对老百姓来说会造成不方便。"

（三）增强城市居民参与意识，提升公共安全宣传力度，深化公共安全教育

政府各相关部门要做好公共安全宣传工作，加强城市公共安全教育。维护公共安全首先要从思想教育做起，通过宣传教育为城市公共安全各种问题的解

决做好意识层面的准备。加强城市居民所在的社区、学校、单位的公共安全宣传教育，加大宣传力度，扩大宣传范围，创新宣传教育手段。

受访者认为政府应加强宣传力度，鼓励公众参与公共安全建设。张先生认为城市公共安全教育重在宣传执行："济南市整体在往一个好的方向发展，政府的职能部门应进一步加强管控和宣传。一是各职能部门按照自己的工作职责把自己部门的工作职责执行好。二是政府加大对人民群众的宣传教育力度。"

（四）提高济南市政府公共安全专业技术水平

济南市应将综合型公共安全技术人才的培养作为工作重点。在公共安全管理工作中，负责人的文化水平及思考解决问题的能力直接关系到公共安全管理的效力，而公共安全密切关系着社会的稳定，在公共安全管理中不容许出现失误。因此，应在党政机关、高校和研究机构中培养一批精通城市公共安全技术的人才，以支撑公共安全管理工作的开展。此外，政府应着力提高公共安全技术水平。科学技术是政府公共安全管理的保证，应出台更有力的政策，从多重维度支持城市公共安全相关技术的发展，切实满足城市居民不断提升的公共安全需要。

受访者认为政府应大力支持公共安全专业技术的发展。宋先生提出了自己的看法："目前政府中懂得公共安全技术的领导相对比较少。虽然现在有专门负责安全生产的分管领导，但公共安全不只是安全生产的一个方面。领导欠缺对公共安全进行全面把握的专业知识和能力。从另一个方面来说，即使有些领导懂得专业知识，但我们的整体技术目前也很难跟得上。在处理公共安全事件的时候，比如雨涝或者是其他类事件，救援人员用的还是比较陈旧的方法和设备，技术含量比较低。公共安全那么重要，政府应该在公共安全技术发展上给予更大的支持。"

兰 州 篇

访谈时间： 2018 年 10 月 1 日—10 月 7 日

访谈地点： 安宁区、城关区、西固区、七里河区

访谈人员： 蒋琛　杨萍萍

兰州市辖三县五区，拥有第五个国家级新区（兰州新区）和两个国家级开发区（兰州高新技术开发区、兰州经济技术开发区），总面积 1.31 万平方千米，市区面积 1 631.6 平方千米。兰州市历史悠久，距今已有 2 200 多年的建城史。兰州市交通通信便捷，位于祖国大陆陆域版图的几何中心，在西北处于“座中四联”的位置，是全国 9 大物流区域节点之一，是大西北铁路、公路、航空的综合交通枢纽。[①]

一、调查背景

公共安全建设对于构建和谐社会，推动全面小康建设，乃至中华民族的伟大复兴都具有现实和深远的意义。城市公共安全是城市经济发展与社会进步的前提条件，是世界共同关注的热点问题。近年来，我国城市公共安全事件频发、影响逐步扩大，城市公共安全管理面临前所未有的严峻挑战。本次深访调研通过“中国城市公共安全管理智库”这一平台，进一步拓展了城市调研范围、延展了调研深度，实施了社会调研，采用深访形式，深度挖掘了城市居民对于公共安全的感受，为城市公共安全领域的后续研究提供了第一手资料。

经过前期的调研培训，访谈人员对此次兰州市深访调研进行了整体规划，调研历时 7 天，从 2018 年 10 月 1 日至 10 月 7 日，访谈地点选取了安宁

① 来源于兰州市人民政府网。

区、城关区、西固区、七里河区等4个城区。本次深访走遍了五泉山公园、体育公园和雁滩公园等公共场所,访谈过程中尽力追求调查对象的异质性,奔赴兰州市不同特色的城区开展调研,共完成40份采访。受访者中从性别上看,男性占45%,女性占55%,男性和女性人数基本持平;从年龄上看,15至30岁的受访者人数最多,占45%,30至60岁的受访者占25%,60岁以上的受访者占30%;从籍贯来看,兰州市本地人占80%,后期定居或外来务工人员占20%;从职业状况方面来看,学生、上班族占比最多,达62.5%,此外访谈到多位已退休的老人。总体来看,此次调查群体在性别、年龄、籍贯及职业状况方面的选择具有一定的代表性。职业分布面较宽,有在读学生、公务员、企业工作人员、退休老人等,职业范围比较广泛,兼顾了不同职业背景人群对于公共安全问题的感受。

二、兰州市城市公共安全评价

城市公共安全评价反映的是城市居民对整个城市的安全的感知程度,关系政府角色、公共政策、行政管理行为、人民生活、社会稳定等多个层面。本次深访调研从更加全面的角度编制了符合当代中国国情的城市居民公共安全感访谈提纲,通过了解兰州市城市公共安全状况,呈现出兰州市的公共安全现状、面临的挑战以及存在的问题,为兰州市政府的公共治理提供一些建设性的意见和建议。

(一)兰州市城市公共安全整体评价

本次深访调研通过城市居民对自然安全、生态安全、公共场所设施安全、食品安全、公共卫生安全、交通安全、治安安全、社会保障安全、信息安全等九个方面的评价,得出兰州市城市居民对兰州市公共安全状况最满意和最不满意的几个方面,反映了城市公共安全状况的显性问题和隐性问题,为兰州市政府的公共安全治理提供借鉴。

由图1可知,令兰州市城市居民满意的公共安全状况前三名分别是生态安全、治安安全和自然安全。在40位受访者中,有18位受访者表示对兰州市的生态安全感到满意,有11位受访者表示对兰州市的治安安全感到满意,有7位受访者表示对兰州市的自然安全感到满意。满意度反映出城市居民对政府在生态安全、治安安全、自然安全等方面公共政策的认可,也提升了城市居民对政府的信任感。

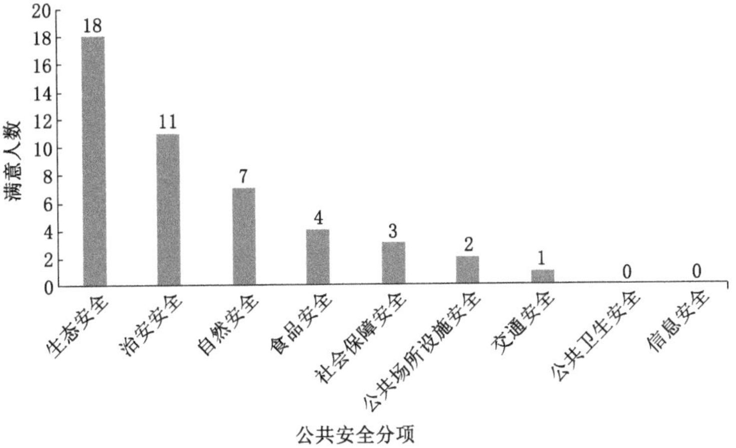

图1　令人满意的兰州市公共安全状况

受访者对城市公共安全各分项的态度表明，公共安全的很多方面还有待改善，城市居民的安全感、满意度有待提高。由图2可知，令兰州市城市居民不满意的公共安全状况前三名分别是交通安全、社会保障安全、治安安全。在40位受访者中，有20位受访者表示对兰州市的交通安全感到不满意，有18位受访者表示对兰州市的社会保障安全感到不满意，有9位受访者表示对兰州市的治安安全感到不满意。城市居民的不满意反映出城市居民对政府在交通安全、社会保障安全、治安安全方面公共政策的不认可，降低了城市居民对政府的信任感。

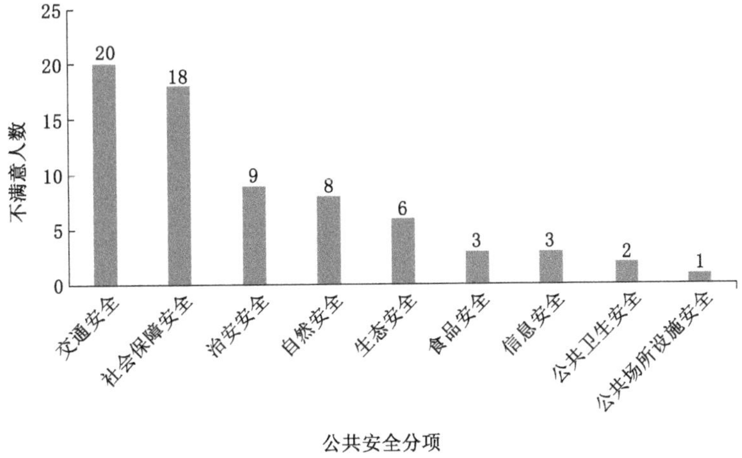

图2　令人不满意的兰州市公共安全状况

（二）兰州市城市公共安全分项评价高的原因

此次调研中，当问及“您对兰州市的公共安全状况总体感到满意吗？”时，受访者部分表示比较满意，尤其是对近几年政府对空气污染的治理（包括“兰州蓝”工程的实施和洒水车的运行）颇为满意。兰州市的生活环境较干净，而且取得了全国文明城市的称号令兰州市城市居民倍感自豪。此外，受访者认为兰州市的治安状况良好，出行安全感较高；小区的安保措施较好，不用担心陌生人进入小区；近几年较少发生治安事件。

1．“兰州蓝”等项目顺利执行，生态环境治理成效显著

由于近几年国家及地方政府对兰州市空气质量较为重视，所以受访者普遍对生态安全较为满意。兰州市政府在生态安全方面的治理措施主要有：一是采取网格化管理，冬天政府安排志愿者巡逻，防止个别家庭燃烧煤炉，近一年空气污染指数控制较好。二是使用天然气代替煤，相比较四五年前的灰蒙蒙一片，生态环境方面已经有很大改观。三是针对兰州市沙尘天气多的特点，兰州市采取洒水措施，安排专人进行洒水，并给予洒水员相应的补贴，从而极大地降低了空气中的含尘量，空气质量得到很大改善。

受访者表示兰州市生态安全正在不断改善，郑先生认为：“生态环境和政府治理有很大关系。政府不治理的时候，生态环境很差。例如，很早以前飞机在天上飞，人在地上是看不见的。中国一个城市都看不见，听闻没有？中国一个城市看不见，就说的兰州。原来烟筒里面灰尘下来，窗户上都落一层，现在没有了。兰州的气候在西北来说是最好的。现在冬天也好，夏天也好，哪个地方的人，他来到这儿，都觉得这个地方适合人们居住。我感觉这里比南方还好，夏天不热冬天不冷。兰州目前的生态环境让很多南方人和北方人很是羡慕。”

46岁的董女士表示：“对于兰州市环境质量的改善，我还是很满意的。七八年前，完全不是现在的样子，当时的天灰蒙蒙的，除非刮风才可能看见蓝天。人们不敢大口呼吸空气。后来政府建设‘兰州蓝’工程，不断进行生态治理。大家也开始使用天然气了，即使是在一些城乡接合部，也不再燃烧小煤炉，政府也给大家一些相应的补贴。现在的好环境都得益于这几年政府的重视以及整治。”

田女士表示：“我对生态环境还是很满意的，尤其是空气质量。自从实施了洒水工程，空气中的尘土少了，空气质量也就上去了。除了生态安全，其余几个方面的安全，我觉得兰州市做得一般化，仍待提高。”

2. 警方投入力度加大，治安事故减少

部分受访者对兰州市治安安全的满意度较高，主要得益于以下几个方面：第一，警察巡逻力度加大，尤其是在人员集中、人流量大的地方，另外在夜晚也会有巡逻的警察；第二，投入部分警力深入社区为居民讲解和谐社会和社会治安相关知识，使得居民的思想观念转变，能够采用多种手段代替暴力解决问题；第三，兰州市增加警力的投入，开展专项打黑除恶整治活动，治安氛围得到改善，因此较多受访者反映无须担心个人安全问题。

部分受访者表示能明显感受到兰州市治安安全的提升。一位进城务工的自由职业者林先生认为："兰州市相比较我国一些南方城市而言，社会治安状况不错。夜晚出门较为放心，也不担心陌生人进入自己所居住的社区。兰州市当前的社会治安最起码非常平稳，治安还是比较好的，近些年来一些治安案件越来越少了。这有两方面的原因，一方面的原因是政府对于治安越来越重视，治安状况也越来越好了。另一方面的原因是，随着法律知识的普及，老百姓也知道类似打架斗殴之类的事情不要沾，无论打赢了还是打输了都不会是一个好的结果。所以兰州市的治安还是比较让人放心的，我对此很满意。"

3. 自然安全事件鲜有发生，抗灾设施健全

兰州市城市居民对自然安全普遍感到比较满意，这和兰州市所处地理位置具有不可分割的联系。兰州市地处内陆，自然灾害以沙尘暴、洪水为主，具有种类少、频率低的特点。近年来兰州市政府完善市政排水设施，提高了泄洪能力，受访者普遍反映不用担心兰州市的城市内涝问题。

受访者表示对于兰州市自然安全较为放心。王女士说："兰州市近几年基本上没有自然灾害。前几年还有沙尘暴，现在已经很少了。"

顾女士认为："兰州市自然安全方面还挺好。今年自然灾害稍微多一点，出现了一些小问题。黄河水涨得高一点，下雨的时候会有积水的问题但没形成什么威胁。整个城市来说，低洼地区问题大一点，但是比以前好多了，几个小时水就可以排干净。"

谢女士表示："自然灾害不多，唯一的自然灾害是洪水。下暴雨时，雨水疏通很快，基本上第二天早上起来不会看到大量的积水。这两年沙尘暴也比较少见了。"

（三）兰州市城市公共安全分项评价低的原因

令人不满意的公共安全状况并不与令人满意的安全状况相对应。例如，治

安安全方面既有部分受访者认为很满意，也有部分受访者认为很不满意，究其根本是两个人群的评判标准不同。通过对受访者背景信息的探索，本次调研发现出生于或长居于兰州市的城市居民常常容易对这个城市的安全状况感到满意，对家乡的认同感也会导致评论不够客观。同时，由于这部分本土居民很少离开兰州市，对其他城市的状况不够了解，在没有对比的情况下不满情绪也会降低。与之相反，出生于其他地区或省份的受访者常常表达出较多不满意的方面。有对比就有落差，因此对同一个方面，这两类人群呈现出完全不同的观点。

1. 道路不通畅，潜在危险因素多

交通安全让众多城市居民感到不满意，其原因是多方面的。其一，车辆行车不规范，超速、逆行等成了司空见惯的事情，加上堵车等现象，给城市居民带来较差的出行体验，从而直接影响城市居民对兰州市交通安全的评价。其二，人流量、车流量较大同道路窄之间的矛盾较为突出，电动车极大地占用了人行道，以至于行人只能走台阶，但台阶较窄，因此比较拥挤。行人也可能被挤到街道上，危及生命安全。其三，道路规划有待改进，存在机动车与自行车在同一道路行驶的现象，这既影响机动车行驶，又很可能发生交通安全事故。

受访者表示兰州市的交通安全状况仍有待改善。刘先生提及："兰州市堵车的情况比较严重，一堵就是一个多小时。由于地域的局限，这里的道路无法修得像别的城市那么宽，很容易出现意外。公交车的发车量也不够。例如，有些公交线路刚到晚上九点左右就没班次了，导致末班车上特别拥挤。如果能增加一些路线公交车的班次就好了，也能大大节约人们出行的时间。"

王先生认为："路上经常有车突然从旁边窜出来，尤其在交叉路口等车流密集的地方。学校附近的巷子特别窄，每天开过来的车辆又特别多，有时候突然从后面来了一辆车，或者两辆车同时开过来，人都没地儿走了，只能走上台阶。"

杨女士表示："这里的城市道路规划存在一些问题，所以道路不是很通畅，容易堵塞。机动车和自行车在同一条路上行驶会非常不安全。希望以后政府能够建设自行车专用道"。

2. 对养老院监管不够，医保力度有待加强

对社会保障感到不满的受访者大多是老年人或身患疾病者，他们认为医保还需进一步改善。在敬老院方面，缺少相应的监管制度，老年人被虐待事件时有发生，并且养老院的费用普遍需要 5 000 多元一个月，对于一个月只能拿 3 000 元的老年人来说较难接受。受访者普遍反映，医保虽然覆盖面比较广，但

力度还不够。较多老年人患有慢性病，需长期服药，经济上存在较大压力。

受访者表示兰州市社会保障安全仍须继续提升。刘女士表示："社会保障令人担忧。某地的养老院因为没关煤气，直接炸死了好几个老人。另外，我们还经常能看到老人在养老院被虐待的新闻。"

顾女士表示："兰州市的社会保障有做得好的地方，也有还不够完善的地方。例如，养老保险在不生病的情况下足够我们生活了。如果我们不生病，不到外面吃饭，不高消费，不穿时尚的衣服，那么养老保险金够用了。但是如果生病了，每个月吃药就要千百块钱，医保又报销得有限。如果患有高血压、心脏病，养老保险就不够每个月的看病开支了。平时吃药医保只能报400来块钱，自己还要掏一多半，这也是我的一种负担。养老院的问题让人感觉力不从心。养老院的收费普遍偏高，养老金难以负担。我们以前的工资比较低，仅够生活用，攒不下存款。这几年工资收入好一点了，但是我们又老了，养老金不高，疾病也变多了，自己又没有储蓄，感觉没有安全感。"

3. 冲突事件时有发生，治安安全仍待提高

受访者对社会治安的不满意主要来自一些兰州市时有发生的犯罪事件。在兰州市，抢劫、盗窃案件仍时有发生，造成城市居民对兰州市社会治安状况的不满意。

受访者表示兰州市治安安全仍须继续提升。于同学认为："我们在的这个地方属于七里河的大学区，治安比较好。其次是城关，这几个地方治安还不错。但是像其他地方，比如小西湖那边经常会有冲突事件发生。类似小偷小摸或者抢劫之类的案件，西站常有发生。去年曾发生同学被持刀抢劫的事件。"

高同学表示："在一些中小学校附近，抢钱仍时有发生。另外，兰州很多的学校在城中村里，有的学校原来是村级小学。虽然学校周围发展得很快，但是有些地方还是土坯房，学生出来的时候，必定会先经过那种土坯房，很不安全。"

三、兰州市城市公共安全问题的具体表现

城市公共安全是指在城市范围内城市居民的生命、健康和公私财产的安全。通过研究城市居民最看重的城市公共安全问题，不仅可以更深入地了解城市居民视角下的公共安全状况，还可以为政府等部门制定更具有针对性的政策提供参考，从而增强城市居民的幸福感、安全感。本部分内容主要探究兰州市城市居民最关注的、应优先解决的公共安全问题。

(一)兰州市城市居民最关注的三项公共安全问题

通过设置"您认为在兰州最重要的三项城市公共安全问题是什么?"这一问题,受访者均描述了对于该问题的不同理解。通过整理受访者的回答可以发现,城市居民认为最重要的城市公共安全问题均与城市居民日常生活息息相关的,主要集中在食品安全、治安安全和社会保障安全三个方面,见图3。

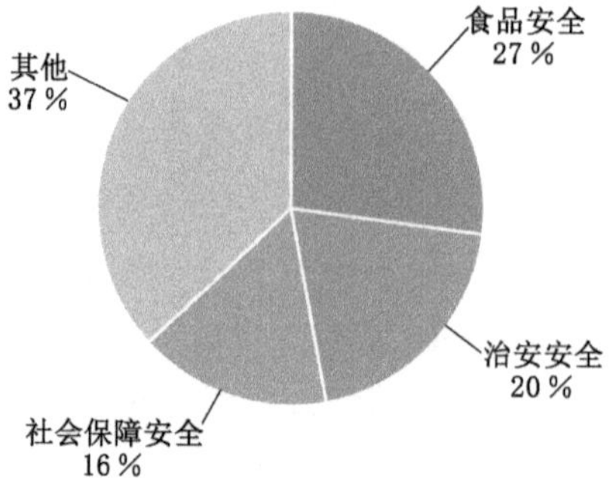

图3 兰州市城市居民最关注的三项公共安全分项

1. 食品安全是生存和发展的基础

食品安全是保障人类生存和发展的重要课题。食品安全事故是指食源性疾病、食品污染等源于食品对人体健康有危害或者可能有危害的事故。随着在乳制品中出现三聚氰胺造成社会关注的食品安全事件以来,加强对食品安全的监控已成为政府和社会关注的重大问题。民以食为天,所以食品安全较为重要。"病从口入"的观点也说明了食品安全的重要性。在兰州市城市居民看来,兰州市的食品安全状况较好,包括对生鲜的合格检疫及农副食品的新鲜程度都较为满意,外出就餐也较为放心。

《2017年度甘肃省食品药品监督管理统计报告》显示:2017年,甘肃省共查办"四品一械"案件12 246件,比2016年增加4 178件。其中,食品案件8 052件,占66%;药品案件3 435件,占28%;医疗器械案件519件,占4%;化妆品案件191件,占2%;保健食品案件49件,占不足1%。2017年甘肃省共查办食品案件8 052件,同比增长88%(2016年查办4 272件),处罚没款4 140万元,取缔无证经营147户,捣毁窝点5个,吊销许可证23个,移送司法机关29起;兰州市、定西市查办食品案件均超过1 000件,分别为1 230件、1 041件,占全省案件的15%、13%,处全省前列;兰州市处罚没款金额为1 404万元,占罚没款总额的34%，处罚力度较大，移送司法机关案件12起，行刑衔接工作力度大。①

多数受访者对于食品安全问题尤为关注。兰州大学的张女士表示："我们上课的时候听过马斯洛的需求层次理论。比如，对于食品的安全感，这都是人最基本的需求。如果连'吃'的问题都让人没有安全感了，那我觉着其他方面的安全就根本不用谈了。我平时大多在兰州大学这边，对于食堂里的饭菜还是放心的。但是，我对于社会上的一些外卖或者街边小摊，还是存在担忧的。当然，不是因为我身在兰州市才有这种顾虑的。可能我到了其他城市，依旧会对食品安全有所担忧。食品安全问题是现在社会上普遍存在的一个问题。"

2. 治安安全关乎公众生命安全，政府关注力度持续加大

社会治安是公众普遍关心的热点问题。党的十九大报告提出，加快社会治安防控体系建设，依法打击和惩治黄赌毒黑拐骗等违法犯罪活动，保护人民人身权、财产权、人格权。就政法系统特别是公安战线来说，应进一步加大社会面防控，最大限度地将警力摆在街面，有效压缩犯罪空间。要不遗余力的加大打击力度，以更快的速度破大案小案，给犯罪分子有力的震慑。响应十九大报告中关于全面推进依法治国，政法干警在实际执法过程中要更好地保护人民群众的切身利益，着力提升老百姓的安全感。治安安全方面，大部分受访者表示治安出行关系到人们的生命安全。治安良好，人们的安全感会得到提升。兰州市城市居民对兰州市的治安状况较为满意，夜晚独自出行比较放心，包括夜市、金山桥等景点都设置有巡逻人员，尽管平时街道上见到的巡逻人员较少，但总体上，治安情况较好。

《兰州市公安局2018年政府信息公开工作年度报告》显示：2018年兰州市公安局共主动公开各类政府信息7万余条，累计发布各类政府信息110余万条；通过门户网站、微博、微信、头条、抖音等新媒体发布公安机关综合信息3.5万余条；在传统媒体刊登稿件1.6万余篇、播出电视宣传片300余个、召开新闻通报会24次；向"信用中国"网站推送"双公示"信用信息10 014条。截至2018年年底，兰州市公安局已发布行政许可33条、行政处罚296条、行政强制41条、行政确认9条、行政监督6条、其他行政权力事项46条、公共服务事项和便民服务事项159项；同时已开通2部政务咨询热线和1部警务督察热线；发布

① 数据来源于甘肃省药品监督管理局网站。

政策解读稿件7篇，内容涉及户政、交通、出入境、服务优化营商环境、电信诈骗打防管控等群众关注的社会热点问题；积极主动与群众开展互动，回应群众诉求。2018年共通过新媒体平台回应群众咨询诉求4万余条。①

受访者认为治安安全是生活的基础保障。王女士表示："如果社会治安好的话，就能给生活在这里的人们带来一种安全感。如果社会治安不太好的话，人们心里也不踏实。"

郑先生表示："良好的社会治安是生活的基本保障，是人们安居乐业最基本的条件。缺少了良好的社会治安，人们便难以追求幸福，出行都存在着危险。"

3. "虚拟养老"难以落到实处

在社会保障安全方面，此次调研值国庆假期，受访者中的老年群体占较大比例，大部分受访者对于社会保障状况较为关心。受访者普遍提及目前兰州市养老院数量少，缺乏竞争，兰州市在城关区推行的"虚拟养老院"问题较多。

兰州市人力资源和社会保障局按照政务公开工作要点的要求，通过门户网站政务公开专栏和工作动态专栏对提高城镇职工养老保险待遇标准、提高城乡居民基本医疗保险财政补助标准、扩大医保报销病种、降低工伤保险缴费费率、降低失业保险缴费费率等信息予以公示。从总体上看，2017年年末社会保险各个险种参保人数稳步增长，只有"城镇居民医疗保险"和"失业保险"略有下降；其次，"新型农村合作医疗"参合率达到了98.6%之多，惠及229.48万人次。②这说明兰州市城市居民对社会保障工作更加重视了，认为社会保障安全相对来说较重要。

部分受访者认为社会保障安全对自身极为重要。进城务工的自由职业者林先生表示："社会保障安全方面，退休人员面临养老的问题，年轻人生活压力大，物价水平高。"

张女士认为："我觉得社会保障安全比较重要。现在老龄化问题严重，自己也都有父母。我觉得社会保障一定要做得比较好，让老一辈能够老有所养。"

(二) 兰州市城市居民关注的城市公共安全问题剖析

对于政府应该优先解决的公共安全问题，受访者会考虑到不满意的公共安全状况以及比较重要的公共安全问题，更为重要的是，他们会考虑到现实可行

① 数据来源于兰州市公安局网站。
② 数据来源于中国报告网。

性问题以及时效性问题。

1. 食品安全问题依然明显存在

随着城市节奏的加快和互联网经济的发展，在外就餐或网上外卖点餐成为城市居民餐饮的重要选择方式，食品安全问题也已成为人们比较关心的话题。俗话说“病从口入”，菜品不卫生、蔬菜种植过程中滥用激素、以不正常手段催长家禽等问题对百姓的饮食安全产生极大影响。因此，食品安全问题的改善必须提上日程。食品安全是公共安全的重要组成部分，直接关系广大人民群众的身体健康和生命安全。随着市场经济的快速发展和人民生活水平的提高，消费者对食品安全的关注度越来越高，食品的安全性已成为国民健康、社会稳定、经济发展、贸易繁荣的重要影响因素。城市居民面临的食品安全问题包括过期食品仍在销售等一系列问题。此外，城市居民的消费习惯亦有待加强，调查数据显示仅有 61.79%的被调查者选择较为正规的场所进行食品消费。部分食杂店、小摊点的食品卫生缺乏安全保障，甚至连营业执照、食品卫生许可证都未办理齐全，这些问题都是食品安全事故的隐患。

部分受访者表示曾遇到食品安全问题。谢女士外出就餐曾遇到过菜品不干净的问题：“我之前和儿子一家出去吃饭，那个餐厅就有些问题。我们去的还不是路边小摊子，是正常的家常菜馆。因为小孩子肠胃比较敏感，吃了一会就说有点不舒服。我们就开始仔细看了看这些菜，发现其中有道菜里面确实有不干净的东西。也不能说这些商家的做法是故意的，但很明显社会上有些餐饮商家对于食品安全问题还是不够重视，这难免让百姓非常担心。”

2. 社会治安问题仍须持久关注

治安安全满意度是城市居民对社会治安安全与否认识的整体反映，由城市中个体的安全感来体现。治安安全是反映城市治安状况的重要标志之一，也是衡量社会运行机制和人民生活安定程度的标志之一。心理学家马斯洛提出了人类五种心理需求的塔形层次图。其中，安全感的需求居于层次图的底层范围，是实现人类更高层次需求的基础。安全需求是人类重要的需求之一，也是决定人们心理健康的重要因素。多数受访者反映兰州市社会治安状况在近几年有明显提升，城市路口的治安岗亭设置和警力配备不断完善，诸如打架斗殴和盗窃之类的治安案件明显减少，兰州市城市居民对此予以充分肯定。但也要清楚地认识到，由于地理位置和城市构成的特殊性，兰州市在治安安全上存在着较大的压力，刑事案件和治安案件的数量仍旧值得关注。

部分受访者认为兰州市社会治安问题仍须政府进一步关注。张小姐提出了自己的看法："我在兰州市已经生活很多年了，兰州市的社会治安在变好。当然，全国的治安形势都在变好。以前在兰州市晚上出去一个人走路我可能会有一些顾虑，对安全方面有所担心。但现在，一方面，随着城市的发展，兰州市经济越来越发达了，晚上到处灯火通明。另一方面，晚上巡逻的警察还是很尽心尽责的，给人一种安全感。治安是一件长久的事情，而且肯定会越来越好的。兰州市的社会治安问题政府必须长期关注，保持一定的治理力度。"

3. 社会保障问题有待改善

社会保障问题是兰州市城市居民比较关心的问题之一。以医疗保险为例，要想保障城市居民的社会保障安全，医疗保险是一个重要方面。各行各业都应该普及医疗保险，并且应根据从业人员的具体情况，合理调整保险缴费比例和标准，进一步增强医疗保险的福利性。部分受访者反映，兰州市当前的医疗状况仍有待改善。一方面，兰州市的医疗资源相比东部发达城市来说相对较少，难以满足城市居民的医疗需求。另一方面，兰州市的工资水平相比中西部发达城市来说较低，即使是同样价格的药物，兰州市城市居民在看病就医时感受到的压力相对较大。在养老方面，兰州市的老龄化问题比较严重，公办养老院较少，私办养老院价格较高，因此部分人住不起养老院，难以实现"老有所养"。此外，居家养老也存在问题，一是一些普通职工没有养老金；二是独生子女夫妻要赡养多位老人，压力比较大。

党的十九大报告指出，要抓住人民最关心最直接最现实的利益问题，既尽力而为，又量力而行，一件事情接着一件事情办，一年接着一年干。要坚持人人尽责、人人享有，坚守底线、突出重点、完善制度、引导预期，完善公共服务体系，保障群众基本生活，不断满足人民日益增长的美好生活需要。社会保障是重大的民生工程，关乎民众的养老、医疗、住房等方方面面。因此，应根据党的十九大精神建立健全社会保障体系。随着整体社会经济的发展和人民生活水平的不断提高，人均寿命得以延长，人口老龄化问题突显，老龄人口赡养比逐渐攀升，对各个社会构成提出了严峻的挑战。多方面因素共同促成了部分城市居民尤为关注养老问题，提出应优先保障城市居民的社会保障安全。

部分受访者迫切期待兰州市解决社会保障安全问题。马先生认为："政府应最先解决社会保障安全问题。医疗方面，看病难看病贵，排不上号，一场病会影响一个家庭。医患关系也不是很好，急需改善。养老方面，老年人想去养老院难以实现，公办的养老院少，私办的又太贵。退休工人有的没有'五险一金'，存在老年人的生活得不到有力保障的情况。”

基层单位退休的孙女士亦认为：“政府应最先解决社会保障安全问题。首先，政府应解决养老的问题。兰州市的老龄化问题还是比较严重的，大部分普通人家住不起养老院。居家养老也成问题，我们的孩子是独生子女，不想给孩子添麻烦。很多普通职工没有养老金。医院也存在较大问题，医院医生少病人多。老人不敢生病，因为看病贵，吃药也贵。另外，物价太高了，政府能不能调控一下物价呢？兰州市的工资水平相对较低但是物价却很高。”

四、提升兰州市城市公共安全的有关建议

城市公共安全治理任重道远，政府肩负着重大的责任，政府作为城市公共安全治理的主体，不仅是公共安全治理的直接推动者，同时也是政策的制定者和实施者，但是公共安全治理政策创新要充分尊重人民的主体地位，发挥人民群众物质财富和精神财富创造者的优势，不断探索反映人民意志的治理路径。兰州市受访者从自身实际和生活体验出发，表达了自己对于城市公共安全各分项满意和不满意的观点及原因，并积极为解决现存公共安全问题建言献策。

（一）交通安全问题应因地制宜，妥善处理

兰州市的地形主要是“两山夹一河”。黄河穿城而过，把兰州隔成两部分。政府部门一方面可以像南方一样修建高架桥，在建造方式上可采取众筹的方式或者引进外地投资，鼓励当地工人动工修建；另一方面可借鉴潮汐车道的做法，增加公共汽车的班次，限制私家车的数量，加快地铁的修建进程，减轻公交车的运输压力。同时，政府应当增设宣传标语，增强人们的文明礼让意识，使行人和司机出行都能互相礼让。向一些大城市和较为发达的城市学习，集中力量修建地铁。

受访者建议交通问题应根据实际情况尽快解决。王先生建议：“应尽快修建好地铁，减轻公交车的运输压力。”刘同学建议：“应增加公共汽车的班次。”王同学建议：“应限制私家车的数量，加快地铁的修建进程。”高同学建议：“应向一些大城市和较为发达的城市学习相关经验。”

（二）翻修城市基础设施，便利城市居民生活

第一，交通管制部门应增设热线电话，听取城市居民关于城市交通线路的

意见和建议,在合适的地方设置红绿灯,保障城市居民交通出行安全。第二,扩大城市绿化范围,合理安排洒水车,加强监管冬天洒水车减少的问题。第三,组织城市相关部门重修全市基础设施,便利城市居民的生活。第四,有效疏通城市下水管道,定期看管城市排水系统,有效防洪等。

(三)定期检查食品卫生,确保安全"入口"

有受访者提出,相关部门应该加大检查力度,对于食品安全必须严格对待。例如:食品、药品监督管理部门对食品、药品的管制非常严格,为人们的生活"入口"安全增设了保障。同时,很多生活中的风险,只要相关政府单位履行好职责,就可以有效地为人民服务。此外,政府部门应大力宣传饮食卫生,普及饮食安全意识,严厉打击"地沟油"等恶劣事件。

受访者建议加强对食品领域的监管。赵先生建议:"应加强监管,提高药物生产公司的安全意识,让其明白药物涉及很严重的安全问题";杨女士建议:"相关部门要加大检查力度。现在相关部门对食品安全抓得很紧。很多风险只要相关政府部门履行好自己的监督管理职责,就能得到很好的管控。"

(四)加强医疗监管,健全社会保障制度

兰州市涉及的社会保障问题主要集中在医疗和养老两个方面。医疗方面,政府应进一步提高医疗保险的报销范围,降低看病住院的费用,药品监督管理局加强监管确保药品的合理定价,同时应提高药物生产公司的安全生产意识,确保药物安全。养老方面,政府要扩大养老范围,增加养老院数量,形成市场竞争,避免市场垄断。同时鼓励创业和微小企业营业,为国家增加税收,有效推动养老院建设等。

受访者建议应逐步提高社会保障水平。园林局退休的马先生认为:"要扩大养老保障的范围,增加养老院数量并形成市场竞争,这样价格才能下来,服务才能上去。政府应鼓励企业家把个人的企业搞好给国家增加税收。税收到国家的多了,国家拨到地方的相关社会保障费用也多了。"

南 京 篇

访谈时间：2018年9月29日—10月7日

访谈地点：栖霞区、鼓楼区、六合区、江宁区、下关区

访谈人员：张睿　刘宇宸

南京，简称宁，江苏省省会，位于江苏省西南部、长江下游，南起北纬31°14′，北抵北纬32°37′，西起东经118°22′，东至东经119°14′，东西最大横距约70千米，南北最大纵距约150千米，市域平面呈南北长东西窄展开，面积6 587.02平方千米。南京是中国东部地区重要的中心城市、全国重要的科研教育基地和综合交通枢纽，是长江三角洲唯一的特大城市和长三角辐射带动中西部地区发展重要门户城市、首批国家历史文化名城和全国重点风景旅游城市。①

一、调查背景

共建共治共享是构建社会主义和谐社会的基本原则，同时也指明了城市公共安全的治理方向。当下，城市公共安全治理面临传统风险和非传统风险双重挑战，秉承共建共治共享理念，提高城市公共安全治理水平，以确保基层和谐稳定，让人民群众获得更多安全感和幸福感至关重要。

此次南京深访调研，历时9天，访谈人员于2018年9月29日从徐州乘坐高铁出发，10月7日从南京返回徐州。其间，深访小组累计完成40个访谈任务，收获、感悟颇丰。为了使调研结果更具客观性，访谈人员走访了南京市多个区域，使受访者所在区域尽量分散。受访者中从性别来看，男性占40%、女性占60%，男性与女性人数基本持平；从年龄上看，20～30岁的受访者最多达75%，30～40岁的受访者占15%，40岁以上的受访者占10%；从籍贯来看，只有25%

① 来源于南京市人民政府网站。

的受访者是原生南京本地人,75%的受访者为后期定居或外来务工人员;从职业状况方面来看,上班族占比最多,达 90%。

二、南京市城市公共安全评价

公共安全是人类社会发展和进步的必要条件,公共安全问题是所有国家、社会都必须面对的现实问题。我国目前正处在社会、经济转型时期,涉及公共安全的问题与事件频频产生,给国家和社会的正常秩序、人民的生命和财产安全带来了重大损失。公共安全已经成为一个越来越突出的,关系到国家经济正常发展、社会和谐稳定、人民安全幸福的重要问题。

(一)南京市城市公共安全整体评价

城市居民对城市公共安全的评价是衡量一个城市公共安全状况的重要指标。本次深访调研从自然安全、生态安全、公共场所设施安全、食品安全、公共卫生安全、交通安全、治安安全、社会保障安全、信息安全等九个方面对公共安全进行评价。为了调查城市居民满意与不满的方面并探其原因,本次深访从全面的角度编制了符合当代中国国情的城市居民公共安全感访谈提纲,力求为公共安全建设提供有价值的信息。

此次深访调研中,当问及"您对南京市的公共安全状况总体感到满意吗?"时,受访者大多表示十分满意或者比较满意。具体到每一个类别,如图 1 所示:"生态安全"的满意率最高,"治安安全"次之,在被调研的南京市城市居民中没有人把"食品安全"和"信息安全"选为南京市令人满意的公共安全方面。这也表明了南京市在"食品安全"和"信息安全"问题上还有很大的改进空间。

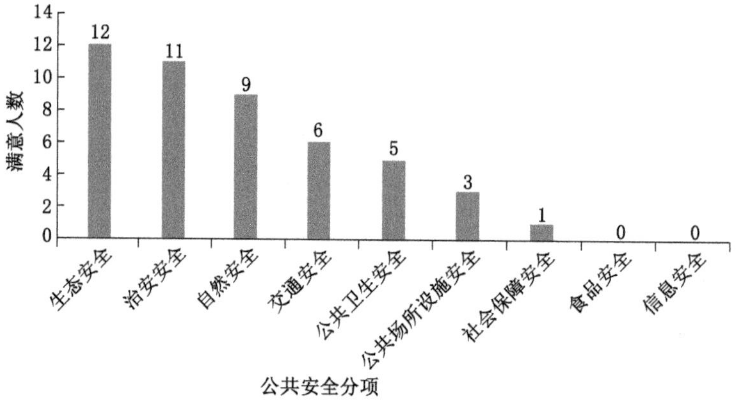

图 1 令人满意的南京市公共安全状况

通过对调研过程中受访者对各方面公共安全状况的满意度进行对比可发现，南京市城市居民对城市公共安全不满意的公共安全分项较为集中，且和最满意的公共安全分项能够得到一定程度的相互印证。据统计，对南京市的"信息安全"和"食品安全"状况不满意的受访者人数最多；没有受访者将"生态安全"和"公共场所设施安全"这两个方面选为不满意的公共安全方面，见图 2。

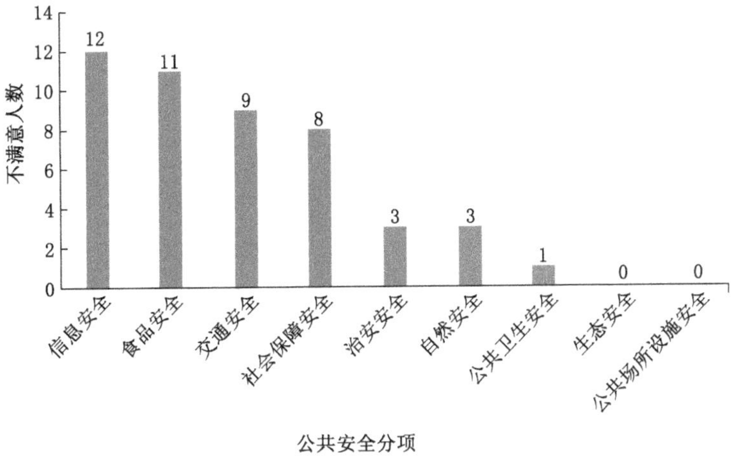

图 2　令人不满意的南京市公共安全状况

（二）南京市城市公共安全分项评价高的原因

对于比较满意的城市公共安全方面，受访者的选择较多地集中在生态安全、治安安全以及自然安全等方面。生态安全方面，受访者表示近年来空气质量以及水质都有所提高。治安安全方面，社会治安良好，警力投入充足。自然安全方面，由于地理环境的特点，南京市自然灾害较少，并且即使发生了自然灾害，政府处理也比较及时。

1. 环保执法监管大力加强，生态环境得到改善

一是推进城市环境问题巡查。2018 年上半年南京市政府共巡查各类环境问题 8 282 余家（次），通报各类城市环境问题 1 486 件，全市巡查合格率达 82.1%。二是强化环境执法监管"双随机"制度。南京市政府共出动环境监察人员 1 864 人次，对 932 家次污染源进行"双随机"抽查，共立案查处 19 件、责令整改 135 件。三是加强环保司法联动。南京市政府多部门联合开展废酸整治专项行动，严厉打击废酸非法转移、非法倾倒、非法处置利用等违法犯罪行为。

大气污染防治深入实施,另外南京市政府加强工业污染治理,加快推进重点企业大气污染防治工程建设。

一些受访者表示南京市生态安全正逐步改善。程先生说出了自己这些年的观察体会:“我最满意的是生态安全。我觉得南京市的空气质量前几年特别不好,最近还是不错的,前几年的雾霾相当严重,如果碰到大雾霾天的话,可以毫不夸张地讲,就是伸手不见五指,特别严重。2014—2015 年大气污染特别严重,现在好多了,已经可以看到蓝天白云了。南京水质还是挺好的,我生活在江宁区,自来水可以用来直接烧着喝,没有水碱,没有异味,也没有颜色。我生活的周围,垃圾回收分类,有专门回收电池的分类。像新城区,栖霞区的仙林街道那边,人比较少,道路也比较干净。”

在网吧工作的张先生认为:“省会城市形象比较重要,要山有山,要湖有湖。空气质量还可以,因为这里不集中供暖,所以雾霾也没那么严重。绿植覆盖率挺高的,环境也不错,湖、公园都挺多的。我生活的这一块地区总的来说环境还是不错的。”

2. 不断提升执法能力和执法强度,保障治安安全

治安安全是受访者普遍表示满意的一个公共安全方面,这也反映了南京市的治安状况相对良好。长期以来,南京市公安机关对黑恶势力违法犯罪始终坚持打早打小、主动出击,保持对黑恶势力零容忍和严打的高压态势。南京市公安局于 2000 年就组织犯罪侦查专业队伍,先后摧毁了一大批黑恶势力违法犯罪团伙,积累了较为丰富的扫黑除恶工作经验。南京市政府持续营造安全稳定的社会环境,不断提升人民群众的获得感、幸福感、安全感;强化领导干部法治素养,制定出台了《南京市公安局领导干部提拔任用前党规党纪、法律知识考核办法》。此外,南京市政府严格执行执法全程记录,全面推进大数据工程建设,将信息化手段全面融入执法办案、监督考评等各个领域。

受访者表示南京市的治安安全较为令人放心。许先生表示:“我对治安安全比较满意。南京市作为一个大城市,没有出现过大的(比如说安全方面的)事故,而且社区还有公司对于居民和职员的管理井井有条。当然,整体来说我觉得治安安全仍有进步空间。”

江宁区的史先生认为:“我们社区这边有一个警情民意的服务点,我们能够及时去向公安部门汇报或举报一些事情。另外,我们这边的派出所服务态度还是比较好的,而且出警也很及时。”

王先生对治安安全表示满意："我最满意的是治安安全。没听说过南京有什么重大治安事件，平常的话也感觉比较安全，办公的地方、地铁等场所进入时要安检，小区的门禁也做得比较到位。现在新的小区都是有门禁的，治安还是挺不错的。平常我们在政府机关里面，我住的这片是单位推荐的租房，小区的安保工作还不错，很少见到冲突事件。现在一个是有警察巡逻，另一个是到处都有监控，犯了事情谁也跑不掉，不管是治安问题还是现在整个中国的安全问题，总体来讲还是不错的。"

3. 地理条件优越，少有自然灾害

南京市属宁镇扬丘陵地区，长江流经此地。长江南的秦淮河、长江北的滁河为南京市内两条主要的长江支流，其河谷平原为重要农业区。水面占南京市总面积的11.4%，平原和洼地占南京市总面积的24.08%。由于地理环境优越，南京市自然灾害较少，所以受访者对自然安全较为满意。多数受访者因没在南京经历过大的自然灾害，表示不会将自然安全纳入自己担忧的公共安全的范围。在自然灾害发生时，相关应对措施及时得当，能够减轻城市居民的损失。另外，政府能够积极采取各种自然灾害防范治理措施。现代科技的发展为自然灾害提供了许多预测技术，有效地减轻或避免了自然灾害的严重后果。

多数受访者表示南京市极少发生自然灾害。李女士表示："目前我最满意的是自然安全。南京市有雨涝的时候，江宁区还好。因为我们这边是新区，离市中心比较远，这一块的公共设施还挺新的。台风来了，大雨过后，没什么太大问题，下完雨当天晚上路上就没积水了，排水挺好的。南京市很少有地震，自然灾害除了台风，其他的这边也没什么了，自然安全方面都还好。"

马先生讲起了自己的亲身经历："我最满意的是自然安全。处理自然紧急事件，政府会比较快一点，在第一时间内能把它处理好。比如说，2008年的雪灾是相对近几年来最大的一次，出行都是受阻的。我记得当时应该正好是2008年雪灾的时候，小区的雨棚倒在了我家门口。因为我家的门是朝外开的，门都打不开。我打电话给物业，物业说他们已经在清理了，因为我是在里面，所以看不见外面。显然，在我发现状况时，物业就已经在处理了。2016年年底，河西新城这片淹得特别严重。我对比过，周边几个城市的朋友，他们基本上都是一天甚至一天半才能出得了门。虽然南京城市大，但政府处理自然灾害的效率却比周边城市高很多。"

(三)南京市城市公共安全分项评价低的原因

人们生活在一个快节奏的时代。南京市作为省会城市,其城市居民更是面临着各种压力。衣、食、住、行在人们日常生活中尤为重要。谈及不满意的公共安全方面时,多数人会提到食品安全、信息安全及交通安全等几个方面。

1. 民以食为天,食品安全亟待加强

食品问题是困扰现代都市人的一大难题,尤其是快节奏的生活使得外卖食品受到追捧。但是通过本次深访调研可以发现,食品安全并不尽如人意。受访者表示谈及不满意的公共安全方面时,首先想到的就是食品安全。现在人们的食品选择越来越多,面临的困扰也越来越多,总会在食品安全方面遇到这样那样的问题,即使是自己做饭,也会担心原料的质量问题。食品安全是一个普遍的问题,加强管理任重道远。病从口入,食品安全与人的生命安全息息相关,大部分上班族点外卖食品比较频繁,媒体曝光的小作坊食品问题频频出现。

部分受访者表示南京市食品安全仍有待加强。王先生对此深有感触:“我最不满意的是食品安全。我比较关注食品安全问题。我经常会遇到一些小问题,比如点外卖时会遇到一些食品不卫生,看起来不新鲜,后来去实体店发现它的店面也不是很卫生。”

张先生表示:“食品安全方面,外卖与开饭店不一样。比如,开饭店需要店里卫生达标、有营业许可证和卫生许可证。外卖的话,一是没有行业准则,另外外卖有很大一部分的安全隐患是在配送的过程中。比如说这种塑料包装盒,遇到这种滚烫水污染,产生一些化学反应对人体有害,或者是装进虫子了,再或者是外卖骑手尝了食品两口,等等。南京市出现过一些食品丑闻,假大米、不干净的食用油被曝光过,还有一些无证经营的这种小吃摊。”

赵小姐对食品安全环境较为担忧:“现在的食品,尤其是那种零食加工厂、很多外卖的小作坊等,我担心它们的卫生条件,身边也会有人因为这些食品安全导致身体出现问题。我身边有人点了外卖的酸菜鱼吃完之后拉肚子,进医院的。食品安全对不经常吃外卖的人或者是不经常出去吃饭的人来讲还好,但是对喜欢吃外卖的年轻人来讲还是很让人担心的。食品安全的大环境还是有待改善的。”

2. 网络诈骗横行,“双刃剑”侵权又泄密

在我国当前的大环境下,信息安全是困扰许多人的问题,垃圾短信、推销电

话、骚扰邮件等充斥着信息沟通的许多环节，信息泄露已成为公众头疼的事情。受访者表示，经常会遇到垃圾短信、骚扰电话。个人信息被泄露的现象太普遍了。受访者觉得自己的隐私遭受了侵犯。南京市人口基数庞大，经济发达，网络现代化的发展使得资源共享、信息共享更为便利，同时也引发了许多信息安全问题。特别是在大学生群体里，网络诈骗时有发生。信息爆炸的时代，许多大学生难以分辨信息的真伪，给了不法分子可乘之机。

部分受访者反映南京市的信息安全令人担忧。尤小姐在信息安全方面就有过被诈骗的经历："我最不满意的是信息安全。读大学时我收到一条看似领导发来的短信向我要钱。当时以为领导真的缺钱，就给他转过去了，后来发现是诈骗短信。接着，我想紧急处理，我先去银行想把资金冻结，但是银行拒绝了我。银行说必须要派出所或者是检察机关出具证明，才能进行冻结。因为当时我被诈骗了 4 000 块钱，但是其中还有 2 000 块钱在骗子的账户里没有被转走，之后就眼睁睁地看着钱被骗子转走。我去报案的时候，甚至还在跟犯罪嫌疑人联系，想稳住他，但是我感觉公安机关人员对这个案子并不是非常上心，可能涉案金额太少了。明明我这边还在跟犯罪分子通着电话，公安机关那边也不会去查电话到底是从哪里打过来的，非常令我失望。另外，南京这边垃圾信息挺多的。每次去就业或者考研都要登记一次信息，每登记一次信息就泄露一次，信息安全没有得到很好的保障。"

朱小姐显然已经对信息安全问题感到无奈："我最不满意的是信息安全。我每天都会遇到垃圾短信和骚扰电话。信息安全方面也没太感觉到南京市有什么具体保障措施。我感觉信息泄露是一个很常见的现象，不管在哪里，比如说垃圾短信和骚扰电话都会收到。信息安全应该是困扰全社会的一个问题。"

3. 交通事故频发，"城市血管"阻塞

南京市人流量大，交通系统压力较大，特别是上班高峰期，拥堵司空见惯。虽然公共交通便捷，但是对于居住地比较偏远的城市居民来说若开车出行，道路拥堵苦不堪言。非机动车的管理有待加强，非机动车与机动车冲突的事故时有发生，存在非机动车走机动车道，不遵守交通规则的情况。机动车驾驶员的素质良莠不齐，冲突时有发生。

部分受访者表示南京市交通安全问题令人担忧。柴先生表示开车人的素质有待提高："南京市的交通状况和其他大的城市还是有一点差距的。国内大部分城市都有这个问题,城市经济发展比较快,但是人员素质并没有完成一个相应的提升。人员素质的提升还是需要经历一个必然阶段的,素质是没办法跳跃性发展的。交通安全问题和开车人的素质有很大关系。我希望交通安全问题南京市能够想办法加以解决。"

张先生表示堵车问题很严重:"我最不满意的是交通安全问题。堵车经常遇见,所以节假日我不太愿意出门。南京市本来人就多,现在人越来越多了,出行很不方便。司机的素质还有待提高,我感觉应该在考驾照的时候加强对司机进行出行礼仪、进行规则方面的教育和考核。如果有关部门对司机的教育不到位的话,行车过程中这样那样的问题就很难避免。还有一点,我觉得南京市的社会治安还需进一步加强。毕竟作为一个旅游城市,南京的流动人口太多了。没有做好社会治安方面监控的话,是很容易出问题的。"

李女士对交通安全问题也深有感触:"我最不满意的是交通安全问题。南京市的交通比较堵,每天的事故比较多。现在外卖小哥那么多,像我们有的时候不管是骑电动车,还是走路都要避着点,因为他们骑车太快了。有些骑电动车的人确实素质不太高,会闯红灯,有的人不仅闯红灯车速还很快,很容易出问题。另外,地铁老出问题,比如像台风来了、下大雨,就会出故障,会停运,而且这个出故障的频率还挺大。"

三、南京市城市公共安全问题的具体表现

城市公安安全问题的主要矛盾正是政府需要着重解决的问题。通过研究受访者最看重的城市公共安全问题,不仅可以帮助相关人员更深入地了解城市居民视角下的公共安全状况,还可以为政府等部门制定更具有针对性的政策提供参考,从而增强城市居民的幸福感、安全感。本部分内容主要探究南京市城市居民最关注的、应优先解决的公共安全问题。

(一)南京市城市居民最关注的三项公共安全问题

调研过程中,当被问及"您觉得哪三个方面的公共安全状况对于城市公共安全来说最重要?"时,受访者分别给出了自己的答案。调研结果显示,南京市城市居民最关注的公共安全问题为"食品安全""交通安全""治安安全"占比分别为21%、20%和18%,见图3。这三项公共安全问题都为传统意义上的公共安全问题,且与城市居民的日常生活息息相关。

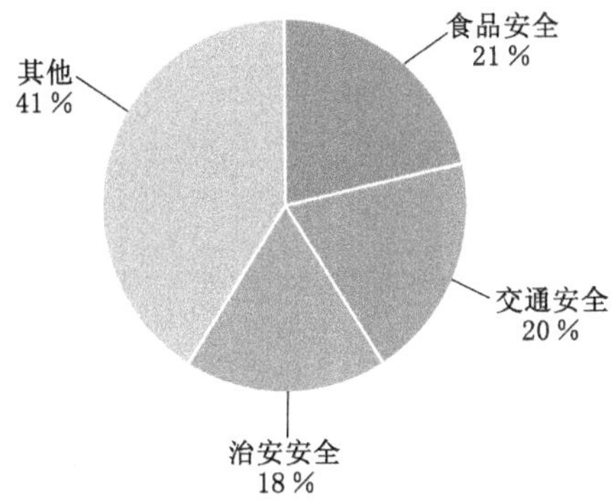

图3　南京市城市居民最关注的三项公共安全分项

1. 食品安全问题备受关注

食品是人们赖以生存和发展的基础，食品安全不仅关乎广大消费者的切身利益，而且关系到国家经济的稳步发展和社会的繁荣昌盛。人们对食品安全问题谈之色变，食品质量安全问题构成了社会反映强烈的热点问题。因此，食品安全涉及千家万户，是老百姓生存最基本的安全要求。食品质量没有保证，人民群众的身体健康和生命安全就没有保证，和谐社会也就无从谈起。民以食为天，食以安为先。随着我国经济的不断发展，食品种类越来越丰富，在满足食品供给需求的同时，食品质量安全问题越来越突出。

调研结果显示，有21%的受访者认为食品安全是九大公共安全分项中最重要的一项。受访者的选择结果体现了受访者对所在城市食品安全方面的超高关注度和重视程度。首先，南京市作为江苏省的省会城市和“长三角”核心城市，截至2017年年底常住人口共计833.5万人，结合传统以来的“民以食为天”的思想，南京市在承担近千万人口的餐饮问题时相较省内其他城市具有较大的挑战性。结合南京市市场监管部门在访谈前开展的最近一次的抽检情况，南京市市场监管部门发布的2018年第21期《南京市食品安全监督抽检信息公告》：本次共抽检1 417批次，其中合格1 414批次，不合格3批次，平均合格率99.79%。可以看出虽然合格率很高，但是食品问题隐患依然存在于广大城市居民身边。[①] 在食品信息公开和新闻报道方面，南京市市场监管部门利用官方网站按期公开食品安全抽检情况，不断出现的“小问题”仍然不能使南京市城市居民完全放心。同时，南京市新闻媒体对食品安全事件和食品信息的报道传

① 数据来源于南京市市场监督管理局网站。

播，特别是全国范围内出现的食品安全事件，经过风险放大效应，也给南京市城市居民带来了极大的担忧。

多数受访者表示食品安全尤为关键。韩小姐认为："食品安全最重要。吃进去的东西肯定跟健康是息息相关的。"

徐小姐认为："食品安全很重要。食品方面虽然不能避免添加剂，但是基本的那些看得到的卫生或者是质量信息我肯定会关注的。"

王小姐认为："我觉得食品安全最重要。因为食品涉及人身健康，所以要保证它的安全。我觉得现在癌症特别多，可能跟我们吃的食品有关。可能一些转基因食品的监控、农药过度残留、食品添加剂特别多等都影响着食品安全。"

2. 交通安全问题亟待解决

现代交通的发达虽然给人们带来了无尽的便利，但同时也增加了许多安全隐患。交通事故已是严重的社会问题之一。惨重的交通事故后果使人们不得不对交通安全状况予以高度重视。人们应将不断进步的科学技术应用于交通安全研究工作中，使交通工具更好地造福于人类。交通安全从大的方面来讲，可以保护国家集体的财产安全、维护交通秩序、提高道路交通能力，是经济建设的有力支持；从小的方面来讲，可以保障自己以及更多人的生命安全，避免造成不必要的财产损失和经济损失。

南京市作为江苏省和华东地区重要的交通枢纽，其交通流量之大使本地交通安全备受公众关注。以南京市的城市公共交通和民用交通两大方面为例，首先，在城市公共交通方面，自 21 世纪以来，南京市的城市公共交通无论是在投入运营车辆、运营线路还是在客运总量方面都获得了大幅度的增加，特别是运营车辆和运营线路更是在近几年获得了突飞猛进的发展。其次，在民用交通领域，近五年南京市私家车数辆快速增加，截至 2017 年年底已经达到 2 391 996 辆。① 机动车辆的快速增多势必给城市交通带来压力，交通安全事故潜在发生人群变多，因此交通安全毋庸置疑地成为南京市城市居民最关注的三项公共安全之一。

部分受访者认为交通安全对于南京市较为重要。王先生认为："交通安全很重要。万一出了个磕磕碰碰的，不光耽误事，而且自己的人身安全也会受到损害。有时候一些路面出现问题，相关部门要及时检修，不然的话容易出现交

① 数据来源于《南京统计年鉴 2018》。

通事故。”

张先生表示：“我觉得交通安全挺重要的。人们平时无论上班、上学、外出、假日出行都离不开交通，所以交通秩序需要维护好。”

3. 治安安全问题仍须改善

社会治安问题是社会各种矛盾和消极因素的集中反映，必须依靠全社会的力量，运用多种手段进行综合治理。实践证明，坚决打击各种犯罪活动是完全必要的。社会治安、社会风气的好坏是衡量社会主义精神文明建设水平高低的一个重要标志。如果社会秩序混乱，刑事犯罪猖獗，丑恶现象泛滥，就谈不上社会主义精神文明了。近年来，南京市仍有些许危害社会治安的事件发生，城市居民感觉生活中仍存在许多不安全因素，并对此表示担忧，因此，受访者普遍觉得治安安全问题尤为重要。

在一个城市拥有较多流动人口的同时，更需要一个平安祥和的社会治安环境。根据调研情况，有 18％的受访者表示治安安全最重要，仅次于食品安全和交通安全，可见公众赋予了治安安全极大的重要性。然而，如此备受重视的治安安全在实际生活中也有着坚实的依据。这种依据突出体现在南京市公安部门对于社会治安持之以恒的努力和工作投入中。2017 年 5 月，南京市综合治理委员会办公室、南京市公安局出台了《关于推进全市社区（村）综治警务工作一体化的指导意见》，要求通过一体化建设，建立健全党委领导、社区（村）自治、专群结合、社会协同、公众参与的组织体系。

近两年来，南京市公安局围绕“民意、实战、问题、规范、效率”五大导向，全面实施警务实战化和现代化、立体化、信息化社会治安防控体系“双轮驱动”战略，为建设“强富美高”新南京创造了良好治安环境。南京市现有巡防民警和特勤 6 900 人，比改革前提升了 4.2 倍，全天候屯警街面。警务站接处警比例达 71.2％，自处率达 91％。2016 年，全市刑事案件总量下降 25.4％，2017 年以来同比继续下降 22.6％，群众安全感达 95.7％。南京市公安局整合派出所刑侦和治安中队民警，组建办案队，推出重大刑事案件“一案一奖”“一事一奖”“即破即奖”等制度，激发了办案效能。“禁毒会战”位居全国前列、经侦“猎狐行动”排名江苏省第一。南京市成立国际合作机构和全国首家地市级国际刑警组织联络办公室，“9·20”专案从柬埔寨押解 63 名电信诈骗犯罪嫌疑人回国。2017 年以来，全市电信诈骗案件下降 17.4％。① 南京市坚持严管与联动结合，确保交

① 数据来源于南京市公安局网站。

通消防安全;深入实施交通秩序治理三年行动计划,充分运用大数据和声呐系统、人脸识别系统等智能抓拍等科技手段,科学维持路面交通秩序,全面开展各专项行动。

一些受访者认为南京市仍须改善治安安全。史先生表示:“我觉得排第一的是治安安全。之前我听说南京市的个别治安事件,但我觉得每个城市都有一些治安事件。我们工作地点隔壁确实也发生过治安事件。警方能够在事件发生的第一时间出警,南京市警察的办事效率很高。”

张先生表示:“我觉得最重要的是治安安全问题,治安安全问题对于所有的城市居民来讲是关系人身安全的大事情。比如说女性群体夜晚在外面走路,可能会担心人身安全受到威胁,所以无论什么时候治安安全都很重要,大家都需要有这么一种安全感。”

(二)南京市城市居民关注的城市公共安全问题剖析

美国政治学家戴维·伊斯顿认为,公共政策执行在整个公共政策过程中处于至关重要的地位。因此,研究影响公共政策有效执行的因素具有重要的现实意义。从公共政策制定到公共政策执行再到公共政策制定,这是一个连续的过程,单纯研究公共政策执行中存在的问题是不够的。因此,要想对南京市城市公共安全的完整图像进行描绘,不仅要反映出城市居民对于城市公共安全评价的现状结果,还要对城市居民关注的公共安全问题及其原因进行剖析。

1. 食品安全问题治理见效相对快

城市公共安全包含诸多方面,受访者所关注的公共安全分项各不相同。对于应优先解决的问题,多数受访者表示会从解决问题的投入成本以及短期内的效果进行选择,即更看重相关公共安全问题的解决是否符合实际。大部分公共安全问题都不是南京市特有的,无论是从横向看还是从纵向看,都是一个普遍的社会问题。这类公共安全问题在较长一段时期内都将存在,需要长期投入和坚持不懈治理才能使其得以改善。在这些公共安全问题中,有些问题和安全隐患是由于人为监管不到位等因素造成的,在短期内通过法律加以规范和从严治理即可得到明显好转。食品安全是当前社会上普遍存在的公共安全问题之一。当政府监管部门加大监督巡查及抽检力度时,食品安全问题会明显减少。这种政府监督巡查及抽检力度的加大,成本低、见效快,因此受访者期待食品安全问题能够得到尽快解决。

部分受访者期待解决一些成本低、见效快的公共安全问题。赵小姐认为食品安全应优先解决:“应先解决食品安全问题,因为我觉得食品安全相对于其他的公共安全问题,比如相对于信息安全来说的话,保障食品安全应该是较容易做到的。食品安全部门多去监督检查一下经营商家,可能最基本的食品安全问题也就解决了。”

杨女士称:“最应该优先解决的应该是食品安全问题。食品安全问题可以通过日常的抽检抽查来有效改善。政府应该首先解决食品安全问题,因为民以食为天,食品安全是老百姓都看重的一项公共安全。”

2. 交通安全问题日常隐患相对多

现代交通的发达虽然给人们带来了无尽的便利,但同时也增加了许多安全隐患。交通安全从国家层面来讲,可以保护国家集体的财产安全,维护交通秩序,提高道路通行能力,是经济建设的有力支撑。从个人层面来讲,维护交通安全可以保障个人的生命安全,避免造成不必要的财产损失和经济损失。南京市作为国内的特大城市,人流密集、交通拥堵的问题已经长期存在。此外,从调研情况可知,南京市电动车以及行人违反交通规则出行的问题比较严重。以外卖骑手为代表的群体由于多方面因素部分人会选择违反交通规则来换取通行时间,造成了严重的安全隐患。

部分受访者对于交通安全问题尤为关心。外来务工者许女士对交通安全问题很关心:“我每天要骑车上下班的,说来也很惭愧,为了尽快通行有的时候早高峰我也会违反交通规则。自己也知道这样做肯定是不安全的,但有的时候怕上班迟到也是没办法,路上车子有很多。我本身对于交通安全还是非常担忧的,所以也希望政府出台一些措施,能够既方便我们上班出行,又保障了交通安全。”

徐小姐表达了自己期待解决交通安全问题的原因:“我期待政府优先解决交通安全问题。现在路上的外卖骑手有的时候太过分了。他们不仅不看红绿灯,而且有些人会逆行。上个月我开车上班就遇上一个外卖骑手,他是完全不看红绿灯的,要不是我注意力集中就撞上去了。政府要好好关注交通安全问题,交通安全问题在南京市算是一个突出的问题了。”

3. 治安安全问题影响范围相对广

无论是政府部门还是城市居民,只有对公共安全形成正确的认识,才能主动防范公共安全风险,有效解决公共安全问题。现在社会生活节奏越来越快,南京市人口密度较大且流动频繁,治安问题不仅易产生,而且影响范围更广。

因此，部分受访者对于治安安全尤为关注，认为南京市政府应着力解决治安安全中的现存隐患。而从更深远的意义来说，治安安全的治理和人民民主专政的目的是一致的，都是在人民当家作主的前提下，最终消灭社会治安问题和社会犯罪现象，二者相互促进，相得益彰。解决好治安问题，稳定社会秩序，才能促进经济发展，有利于增强人们对社会主义制度的信念。

多数受访者对于治安安全问题极为关心。朱小姐表示："政府应先解决治安安全问题。只有在一个良好的社会环境里，公民的生活才会更加放心，更有舒适感。我希望政府在治安安全上继续加强治理，最先保证治安安全。"

李小姐作为在派出所工作的人员，她对治安安全非常关心："政府应优先解决治安安全问题。因为有时候我们加班到凌晨，或者是凌晨被叫过来记笔录也是有可能，我一个人回家确实也害怕，治安安全方面还有待加强。"

马先生作为南京市本地人对于南京市的治安安全存在着一些意见："政府应优先解决治安安全和公共卫生安全两个方面的问题。因为这两个问题都涉及人的生命，比如说公共卫生安全，大人可能抗体还比较好一点，尤其是小孩打的抗生素，劣质的会导致小孩瘫痪，甚至是死亡。公共卫生安全跟人的生命密切相关。治安安全方面，女同志不敢走在很偏僻的地方，因为就怕遇到什么危险。"

四、提升南京市城市公共安全的有关建议

党的十九大报告指出：中国特色社会主义进入新时代，我国社会主要矛盾已经转化为人民日益增长的美好生活需要和不平衡不充分的发展之间的矛盾。党的十九大报告强调要加强和创新社会治理，打造共建共治共享的社会治理格局。社会治理最根本的是要以人民群众需求为导向，适应社会主要矛盾转化，接受新挑战、完成新任务和满足新要求。当前，我国正处于社会体制变革和结构调整的关键期，基层利益格局和居民思想观念已发生深刻变化，社会问题不断增多，社会矛盾突显且复杂多变，公共安全形势严峻。就城市公共安全治理而言，既面临传统风险，也面临非传统风险，且各种风险矛盾交织，考验着政府的治理水平。与此同时，在公共安全治理中存在理念思路提升不够、多主体间权责关系不明、治理制度与资源保障不足等问题。

访谈最后，当访谈人员提出希望受访者能给予一些关于提升城市公共安全状况的意见或建议时，每位受访者都从自身、政府或者相关企业的角度，提出了

一些较有建设性的建议。

（一）秉承共建共治共享治理理念

共建共治共享是构建社会主义和谐社会的基本原则。《中共中央关于构建社会主义和谐社会若干重大问题的决定》提出：我们要构建的社会主义和谐社会，是在中国特色社会主义道路上，中国共产党领导全体人民共同建设、共同享有的和谐社会。党的十九大报告明确提出：要打造新时代共建共治共享的社会治理格局。共建共治共享理念立足新时代社会治理形势，系统回答了“为谁治”“靠谁治”和“怎么治”的问题，指明了社会治理价值、主体和路径，体现了愿望、过程和结果的完美统一，可谓一切治理活动的指导性理念。城市社区是城市居民生产生活的依托，人的安全是城市社区治理的最终目的。

受访者建议加强各方面的监管力度。王小姐认为公共安全治理应多方共同努力：“个人要加强安全防范意识，不要去那种不太干净的饭店吃饭。餐饮企业应增强行业道德意识。政府应对外卖平台加强监管。政府食品药品监管部门应加大平时的检查频率，把间断性的、周期性的检查变成持续性的检查。我希望食品安全违法信息公开力度更高一点，更透明一点，让人们能看到哪些是不好的餐饮企业。政府可以把检查结果及时进行公示。”

（二）加强城市公共安全基础设施建设

城市建设发展规划中应适当增加防灾减灾的内容，在较为重要的公共基础设施（如，公共运输系统、水利、通信等）建设中，要把抗灾设防标准贯彻于规划、建造及运营的各个阶段，重视各时期灾害风险评估结果，提高基础设施抵抗自然灾害的能力，要重视与住房建筑配套的安全设施（如，消防设施、安全出口等）建设，增强其抗灾能力，定期检查，尽量排除存在的安全隐患。

受访者建议改善公共场所设施。对于公共场所设施安全，李先生建议：“公共场所设施，例如共享单车，需要加强监管。在地铁站等人口密集区域附近，各类单车堆积的现象比较严重。而且公园里也会出现共享单车乱停乱放的情况，这一方面需要改进。”

杨女士认为：“我觉得公共场所设施安全需要注意，比如说小区的公共设施。小区物业应做到定期检查，游乐设施或者是别的公共场所设施，应责任主体明确，相关责任主体应该切实负起责任来。公共场所设施要是出了事故对大家都不好，有关部门应该在日常生活中定期检查，做到防患于未然。”

在公共场所设施安全方面,赵小姐提出:"公共场所设施分属哪个地方管,哪个地方就应该多派点人看看,尤其是应注意定期检修。像小区的消防设施、健身器械,都应定期检修。先不用说政府怎么检查,首先小区物业应定期检修。杂物等堵塞消防通道的现象,物业应多管一下。"

(三)加强监管,依靠强制力约束不法行为

经济及社会运行中暴露的问题越来越多,政府作为政策的决策者、公共服务的提供者、政策执行的监督者,在社会进步和经济发展运行中扮演的角色越来越重要。加强政府监管对构建社会主义和谐社会、规范经济社会运行有着非常重要的意义。政府运用公共权力,通过制定一定的规则,对个人和组织的行为进行限制与调控,可以在一定程度上有效打击不法行为,规范社会秩序。

受访者建议应继续加强执法力度。史先生建议:"治安安全方面现在我们这里做得很好。比如南京市公安局江宁分局创办的公众号,比如社区监管网格化,每一个摄像头都结合得非常到位,遍布整个南京。另外,南京市人口多,难免发生一些治安案件。这些案件也会去鞭策治安系统进一步优化。南京市应该打造华东地区治安的一个模范。"

施先生认为:"我感觉南京市政府在维护社会治安方面,主要依靠政府内部部门,如公安部门,包括外包一些保安公司、安检员等。但是我觉得这方面还有一些可提高的地方,可以发动群众自愿维护社会治安,或者是采取一些宣传措施提高一下公众的治安安全意识。虽然现在南京市总体社会治安已经做得很好了,公共场所比较安全,但还有可以进步的空间。"

(四)营造绿色网络环境,保护信息安全

互联网逐渐融入了人类的生活,越来越多的工作和学习已经离不开网络。随着科技的进一步发展,人类社会也步入了大数据时代,网络冲破了时间和空间的局限性,让世界更加紧密相连,但是与此同时,仍然存在诸多需要被重视的问题,其中最紧要的就是大数据时代的网络信息安全防护。在互联网时代,许多重要的信息都被存入计算机中,网络信息在给人类提供便利的同时,也给信息安全带来了一定的风险。网络信息是社会发展进程中十分重要的一个方面,一旦出现安全问题,造成的伤害则是人们难以承受的。

受访者建议应尽快营造可靠的网络环境来保障信息安全。在信息安全方面,王先生提出:"公共部门与私营部门可以合作,例如我们单位更新系统也是

找那些专业的企业来帮忙的。如果能掌握这种技术的话，单位出点钱，让专业公司给升级一下，可以规避一些风险。”

尤先生说：“骚扰电话太多了，有关部门应加强治理。加强信息安全，应把相关保密工作做好，人员信息不能外漏。”

张先生建议：“我觉得政府发现了信息安全存在的问题，就应该想办法解决这个问题。比如说我们现在的智能手机有很多软件可以识别标记骚扰电话，有关部门的技术也可以做到这一点。警方应该对骚扰信息产生主体进行监控，采取惩罚措施。”

孙先生建议：“互联网企业和政府可以进行数据共享，这样对于信息泄漏问题能够做到源头追踪，及时解决问题。”

（五）加大宣传力度，提高公众的公共安全意识

可以充分利用网络、报纸杂志等大众传媒加强安全教育。对于城市社区公共安全治理而言，确保人人安全、人人享受安全是基本价值导向。政府要把服务和造福人民作为治理的出发点和落脚点，引导人民树立正确理念，探索解决问题的思路，一切规划和措施都需要城市居民积极有序参与，一切努力和成果都是为了让城市居民获得安全感和幸福感。

受访者建议应加大宣传力度，鼓励城市居民参与公共安全建设。从整体规划的实践来说，乔小姐建议：“整体来讲，南京市在公共安全方面的宣传力度是不够的。在很多情况下我们不清楚政府采取了哪些措施。政府应该大力宣传自己在公共方面所做出的努力以及成果，这样能够增强公众和政府双方的信任，也能让我们看到政府为城市公共安全所做出的改变。如果我们只享有一点知情权，会导致我们的不安全感上升，不利于公众和政府之间关系的构建。所以我觉得政府应该提高安全政策的宣传力度。政府和公众之间应该加强沟通，增多沟通的渠道。如果我们遇到公共安全的问题，我们可以到哪里投诉？政府应该给我们一个明确的解决问题的方法。”

在食品安全方面，程先生认为政府可以加强宣传：“食品安全不好解决，只能加强管控。希望公众能经常在电视上、网络上看到一些相关提示，知道该怎么样去注意食品卫生安全。如果有关部门能按照政府的提示做了，相关规章被严格执行，落实到每一家店铺，这样可以解决一些食品安全方面的问题。”

上 海 篇

INTERVIEW REPORT

访谈时间： 2018 年 9 月 30 日—10 月 7 日

访谈地点： 静安区、黄浦区、杨浦区、徐汇区、青浦区、闵行区、浦东区、嘉定区、奉贤区、虹口区、浦东新区、松江区

访谈人员： 李雨桐　王晓萱

上海，简称"沪"或"申"，是中国共产党的诞生地，国家中心城市、超大城市，国际经济、金融、贸易、航运、科技创新中心和综合交通枢纽，首批沿海开放城市。上海市位于中国东部，地处长江入海口，面向太平洋。它与邻近的浙江省、江苏省、安徽省构成了长江三角洲，是中国经济发展最活跃、开放程度最高、创新能力最强的区域之一。上海市行政区划面积为 6 340.5 平方千米。① 上海市下辖 16 个区。2018 年年末上海市常住人口 2 423.78 万人，其中户籍常住人口 1 462.38 万人。②

一、调查背景

2015 年 12 月 20 日，中央城市工作会议指出：城市发展要把安全放在第一位，把住安全关、质量关，并把安全工作落实到城市工作和城市发展的各个环节、各个领域。城市公共安全是城市经济发展与社会进步的前提条件，是世界共同关注的热点问题。近年来，我国城市公共安全事件频发、影响呈逐步扩大趋势，城市公共安全管理面临前所未有的严峻挑战。此次调查采用深访的形式，深度挖掘了城市居民对于公共安全的感受，为城市公共安全领域的后续研究提供了第一手资料。

---

① 来源于上海市人民政府网站。

② 数据来源于《上海统计年鉴 2019》。

通过前期的调查培训，访谈人员对本次上海深访调查进行了整体规划，调查历时8天，从2018年9月30日至10月7日，累计完成40个访谈。为了使调查结果更具客观性，谈访人员走访了上海多个区域，从而使受访者的区域尽量分散。40名受访者中：从性别上看，男性占65%，女性占35%，男性和女性人数基本持平；从年龄上看，20至30岁的受访者占比最多，达72.5%，30～40岁的受访者占10%，40岁以上受访者占17.5%；从籍贯上看，只有32.5%的受访者是上海本地人，67.5%的受访者为后期定居或外来务工人员；从职业状况方面来看，学生及上班族占比最多，合计达90%。总体来说，此次的受访者在性别、年龄、籍贯及职业状况方面的选择具有一定的代表性。

二、上海市城市公共安全评价

受访者所给出的城市公共安全评价反映了城市居民对整个城市环境的安全感知程度，关系政府角色、公共政策、行政管理行为、人民生活、社会稳定等多个方面。本次调查从更加全面的角度编制了符合当代中国国情的城市公共安全访谈提纲，通过了解上海市城市公共安全状况，呈现出上海市的公共安全现状、面临的挑战以及存在的问题，为上海市政府的公共安全治理提供一些建设性的意见和建议。

（一）上海市城市公共安全整体评价

通过城市居民对自然安全、生态安全、公共场所设施安全、食品安全、公共卫生安全、交通安全、治安安全、社会保障安全、信息安全等九个方面的评价，可得出上海市城市居民对上海市公共安全状况最满意和最不满意的几个方面，突出上海市城市公共安全状况的显性问题和隐性问题，为上海市政府的公共安全治理提供一些借鉴和治理方向。

当谈及比较满意的公共安全方面时，如图1所示："自然安全"的满意度最高，达19人次，"生态安全"有12人次表示满意，"交通安全"有12人次表示满意；但是"信息安全"方面无人选择，这表示在被调查的上海市城市居民中没有人把"信息安全"选为对上海市满意的公共安全方面，这也表明了上海市在"信息安全"方面还有很大的改进空间。

在本次调查过程中，对上海市的"信息安全""食品安全""社会保障安全"不满意的受访者人数较多，分别达17人次、11人次、7人次。由图2可知，食品安全、信息安全和社会保障安全是上海市城市居民最不满意的三个方面。城市居民的不满意反映出对政府在信息安全、食品安全、社会保障安全领域的工作还不到位，降低了城市居民对政府的信任度。

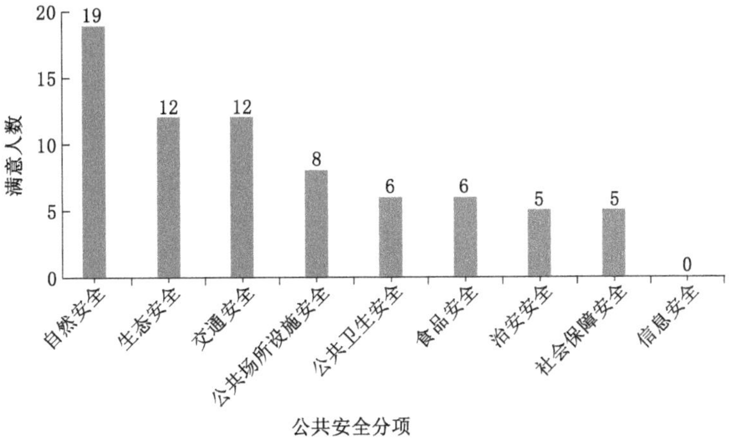

图 1　令人满意的上海市公共安全状况

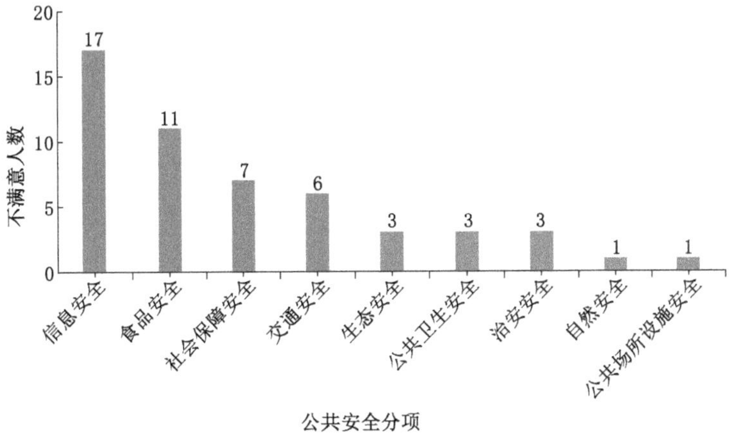

图 2　令人不满意的上海市公共安全状况

（二）上海市城市公共安全分项评价高的原因

当问及上海市城市居民对上海市公共安全各方面满意的原因时，大多数受访者认为满意的公共安全方面和上海市的地理和生态环境相关，尤其近几年政府对环境污染的治理令百姓颇为满意，生活环境也较干净。此外，受访者提及了上海市现代交通系统发达，道路规划科学有序，城市居民的公共交通意识逐步提高，交通安全状况整体较好。

1. 地理位置优越,自然灾害少发

上海市位于长江三角洲冲积平原,平均海拔高度约4米,自然环境十分优越。上海属亚热带季风气候,四季分明,日照充分,雨量充沛,气候温和湿润,春秋较短,冬夏较长。同时,上海市政府积极采取了各种自然灾害防范治理措施,现代科学技术的发展也为自然灾害的防控提供了预测机制,有效地减轻或避免了自然灾害的严重后果。受访者普遍表示对上海市的自然灾害不会过分担忧,对自然安全不会感到过分忧虑。

多数受访者对于上海市的自然安全状况较为满意。顾先生联系自己的实际生活表示:"我对自然安全比较满意。自然灾害较少发生,今年虽然也有几次台风,但都比较小。像这类自然灾害发生之后,我觉得上海市相关部门处理和救助得很及时,而且在台风来之前他们就已经提前做好了准备,广播上有提醒,还会给我们发短信,新闻上也能看到相关部门提前做好了防台风的准备。所以,我对上海市的自然安全感到满意。"

赵先生表示:"自然安全方面,上海市整体还不错。我对上海市的气候还是挺喜欢的,也没有什么大的灾害。上海的空气质量一年里大部分时间都挺不错的。"

2. 污染防治持续发力,生态环境得以改善

生态环境是最普惠的民生福祉。近年来,上海市积极贯彻生态文明思想和全国生态环境保护大会精神,按照上海市委、市政府当局果断打好污染防治攻坚战的工作部署,大力推进污染治理和改革创新,重要污染物排放总量进一步降低,生态环境质量持续改善。空气质量、水环境质量改善明显,上海市城市居民对生态环境满意度较高。

受访者对于上海市生态安全较为满意。退休的王女士表示对生态安全比较满意:"现在空气质量有一个很大的改观,以前天气雾蒙蒙的,现在正在逐渐变好。政府在环保方面的改革措施不断推进,还真产生了效果,起码我们能看到蓝天白云了。以前雾霾严重时,我的身体就会出现一些状况。其实像我们这个年龄人,对生态这块之前就有一些担忧,不过现在感觉生态环境在逐渐变好。绿化比以前也好了,植被覆盖率也在加大。空气质量总体来说令人满意。以前闵行区是比较脏、比较乱的一个区,现在也都在搞城建,慢慢地变得不错了。饮用水的质量也有保障了,经过过滤的水由直饮机送达各家各户,生态方面让人觉得很安心。水的治理实行河长制,一位河长负责一片区域河水的治理。河长

是有责任的，要确保这片水域的质量保持在一个良好的水平。”

3. 交通网络日趋完善

近年来，上海市的现代交通系统愈加发达，道路规划更加科学有序，公民的交通安全意识大幅提高。2017年，上海市交通运输行业紧紧围绕“完善和提升国际大都市一体化交通体系”的发展目标，按照“管为本、重体系、补短板”的要求，聚焦“智能交通、绿色交通”，有序推动重大项目建设、综合交通补短板、公交优先、国际航运中心建设等重点工作取得进展。2017年，上海市交通安全整体形势向好。全市发生道路交通事故（适用一般程序处理）700多次，较2016年减少10.6%；万车死亡率1.7人/万车，较2016年下降18%。①

受访者表示上海市交通安全正逐步改善。从事公共交通行业的宋先生认为：“我最满意的是交通安全方面。我对地铁、公交方面的安全状况是比较认可的。公共交通方面，上海市的相关安检和一些后续保障工作，包括警力投入，我觉得在交通安全方面还是做得不错的。人流量过多时，会有一些拥堵，地铁会出现一些问题，但是整体来说并不影响个人的生命健康安全问题。交通安全方面的问题政府的响应速度也是很快的，包括秩序的维持和大家情绪的安抚。”

王先生认为：“上海市的交通管理是比较严的。上海市的电动车要上牌照，而且是不能载人的，如果被发现违规，就要被罚款，也会有一些交警在路口检查。曾发生过有同学用电动车带人被查到罚款的情况。一般情况下，道路基本是不会堵的，道路整体规划还是比较好的。”

（三）上海市城市公共安全分项评价低的原因

在本次调查过程中，除了对自然安全、生态安全、交通安全等方面比较满意外，受访者对各公共安全各方面的态度更多的是喜忧参半，公共安全的诸多方面依然有待进一步提高。较多受访者直接表达了对某一公共安全领域的不满态度，如：信息安全、食品安全等，且这些方面的问题比较集中、突出。虽然政府和企业从未停止在信息安全、食品安全领域所做的努力，但这些问题却从未消失。

1. 骚扰电话横行，网络诈骗猖獗

信息安全方面，由于现代科技的发展，信息透明化程度高，受访者普遍反映信息安全遭受严重威胁，个人账号密码被盗、个人信息泄露、骚扰电话横行乃至

① 数据来源于《上海市交通行业发展报告（2018）》。

于网络诈骗一度猖獗,这些问题比较突出,引起了公众普遍关注。随着信息技术的快速发展,它在给公众带来便利的同时也带来了隐患,让公众生活在一个太透明的环境里,而公众的个人隐私却没有得到很好的保障。

受访者表示上海市信息安全令人担忧。经历过信息泄露事件的刘小姐表示:“我来到上海后换了个手机号,此后我便接到了很多骚扰电话,有一些是房地产销售问我要不要买房,还有一些其他销售的电话。而且还会有人直接知道你叫什么名字,你是哪里人。我非常好奇为什么我的电话号码换了以后会有这么多人联系到我,而且连我的名字都知道,为此我感到很担心。这也说明政府对这类事件的防范还是不够。现在网络畅通,但是在我们享受信息自由的同时,个人信息也在被兜售。”

2. 食品安全事故较多,公众关注度较高

民以食为天,食以安为先。我国食品安全问题已成为严重的城市公共安全问题之一。随着经济的发展和食品安全形势的严峻性,人们对食品安全问题越来越重视。近年来,在网上曝光和公众周边频发的食品安全事件令人胆战心惊。例如生产、销售不安全食品,欺诈消费者,虚假宣传等,一个又一个事件,引起了公众对食品安全的重视和关注。

受访者表示上海市食品安全问题仍令人担忧。对食品安全非常重视的宋先生表示:“我最不满意就是食品安全。我们现在接触一些外卖时,或是在一些餐厅吃饭的时候,总是对食品安全有些担心。不管是外卖食品使用的食材,还是我们在餐厅吃饭的时候使用的餐具和食材,这些方面人们还是蛮担心的。如果经常吃外卖食品,那么在体检的时候就会发现身体的各项指标比以前要差很多。外卖食品对我们的身体会造成一定的影响。我认为政府可以把食品行业的门槛定得更高一些,食品安全毕竟是关乎于每个人生命安全和个人利益的大事情。”

3. 社会保障层次差异大,公民社会保障安全感低

社会保障制度是国家根据一定的法律法规,以社会保障基金为依托,为社会成员的基本生活权利提供保障的一种制度。社会保障制度自其产生以来,在安全保护方面发挥着无可替代的作用。近年来,我国社会保障制度快速发展,包括社会救助、社会保险和社会福利在内的制度框架不断完善,但从调查结果来看,上海市在社会保障安全方面还存在一些不容忽视的问题。

受访者表示上海市在基层民众社会保障问题上仍须改善。曹先生表示:

“我最不满的就是看病贵以及看病的时候会有排队排很久这两种情况。医疗保障属于社会保障的一方面，社会保障这方面应该有比较大的进步空间。医改药改之类的政策，对我个人而言好像也没有收到太多福利，或许因为我还没遇到需要使用的那种情况。另外，上海市肯定更愿意吸引有知识的人才，人才进来可能保障得不错，但对于一些基层的人来说，社会保障还是做得不够好。社会保障应该更加公平，更加向普通人倾斜一些。比如说目前来看作为普通职工的社会保障和老师、公务员这些人群的社会保障相比，会有较大的差别。”

三、上海市城市公共安全问题的具体表现

城市公共安全泛指在城市范围内城市居民的生命、健康和公私财产的安全。通过研究城市居民最看重的城市公共安全问题，不仅可以更深入地了解城市居民视角下的公共安全状况，还可以为政府部门制定更具有针对性的政策提供参考，从而增强城市居民的幸福感、安全感。本部分内容主要探究上海市城市居民最关注的、应优先解决的公共安全问题。

（一）上海市城市居民最关注的三项公共安全问题

调查过程中，当被问及“您觉得哪三个方面的公共安全状况对于城市公共安全来说最重要?”时，受访者最看重的公共安全分项为“食品安全”“治安安全”“交通安全”。这几项都为传统意义上的公共安全，且与城市居民日常生活息息相关。24%的受访者认为食品安全对于城市公共安全来说最重要；19%的受访者认为治安安全对于城市公共安全来说最重要；15%的受访者认为交通安全对于城市公共安全来说最重要，见图3。

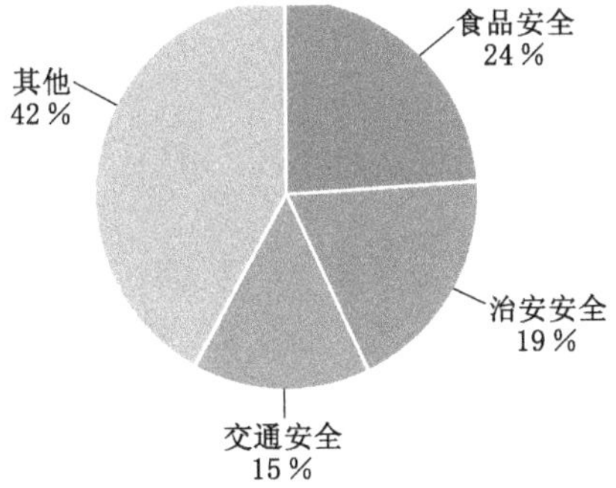

图3 上海市城市居民最关注的三项公共安全分项

1. 食品问题频发,引起公众广泛关注

马斯洛需求层次理论将生理需求列为最基本的需求,只有最基本的需求得以满足到能够维持生存所必需的程度后,其他的需求才能成为新的激励因素。食品安全关系到所有公众最基本的生理需求。

2017 年,上海市食品安全工作的主要任务是贯彻实施《上海市食品安全条例》《上海市建设市民满意的食品安全城市行动方案》,创建国家级食品安全示范城市和建设城市居民满意的食品安全城市。上海市食品药品监督管理局发布的《2017 年上海市食品安全状况报告》显示,上海市各类食品检测总体合格率为 97.5%。① 2017 年上海市各食品安全监管部门共接到食品类投诉、举报和咨询案件 130 699 件,同比增加 22.2%。《2017 年度北京市食品药品监管统计信息》显示,北京市各级监管机构共受理食品投诉、举报和咨询案件 92 671 件。② 上海市的食品类投诉、举报和咨询数量明显高于北京市的相关投诉、举报和咨询数量。投诉反映出的前五类食品问题分别为:餐饮食品、肉制品、粮食加工品、食用农产品和糕点。其中,占第一位的餐饮方面投诉的问题主要有就餐后不适、餐饮店卫生情况差、菜品内有异物或变质等。

受访者表示上海市应尽快解决食品安全问题。石小姐认为食品安全与生活最贴近:"食品安全最重要。民以食为天,我们每天要吃三顿饭,与食物接触是最多的,食品安全是最基本的公共安全。在大学城附近,存在很多小作坊一类的不卫生的餐饮店。学校附近的小餐馆发生过食物中毒事件。我感觉食品监管不是很严,让人不太放心。外卖食品的卫生问题也一直是令人担忧的一个方面。"

李女士认为:"上海市政府在食品安全方面查得很严,今年暑假的时候我看到半条街店家都贴出了因整改暂停营业的告示。由此可见,食品行业还有很多需要提高的方面。"

2. 治安保障能力有待提高

社会治安管理工作涉及面广,公民关注度高,不仅要处理好各类社会矛盾,同时还要解决好民生问题。在社会治安动态化特征日益明显的今天,人民群众对社会平安、和谐、稳定又有了更高更新的要求和期待。访谈中,受访者普遍反映上海市仍存在较多治安安全隐患,如高空坠物、夜间抢劫等。虽然较以前而

① 数据来源于《2017 年上海市食品安全状况报告》。

② 数据来源于《2017 年度北京市食品药品监管统计信息》。

言，社会治安得到了极大改善，但是仍旧存在突出的问题。

据《上海统计年鉴 2018》显示，2010—2017 年上海市公安机关立案刑事案件数量在 11 万～20 万起之间，总体来说呈现上升趋势，其中，诈骗案件数量上升态势明显。2010—2017 年社会治安案件数量在 2016 年达到顶峰，2017 年有所下降，呈现出一种不稳定的发展趋势；2010—2017 年刑事案件数量从整体上看呈现上升态势，其中 2017 年为 203 246 起，无论是治安案件还是刑事案件，都给社会治安带来了极大的损害。①

受访者认为上海市治安保障能力仍须提高。张先生认为："治安安全非常重要，我觉得社会治安有'传染'性质。比如，有的地方很乱，没有人去管，就会有更多的人觉得乱也没有关系，也会跟着乱。比如，小区里有人从高层丢垃圾或者重物，若没有受到惩处，就会引起一些素质较低的居民模仿，给整个小区的居民造成安全隐患。"

董先生认为："黑车现象还是有的，这对于学生群体来说也是一种安全隐患，特别是最近出租车发生的安全事件比较多，应该对此进行管理。"

3. 交通安全越发重要，规则意识有待提高

随着交通运输事业的发展，交通工具给公众出行带来巨大便利的同时，交通事故也成为威胁人民生产生活安全的重大隐患。机动车司机的交通规则意识是影响交通安全的重要因素，非机动车亦是影响交通安全的重要因素。电动车速度较快，且难以监管，部分人在骑电动车时经常会做出违反交通规则的行为，因此而发生的安全事故屡见不鲜。交通工具的纷繁复杂以及公民交通规则意识的欠缺等多方面因素导致上海市交通安全方面存在较多的安全隐患，因此交通安全成为受访者认为最重要的城市公共安全问题之一。

据《上海统计年鉴 2018》显示，近年来上海市全社会车辆（家用汽车及电动助力车）逐年增加，2015 年每百户居民家庭拥有家用汽车数为 24 辆，到 2017 年就已经达到 31 辆，呈现出较快的增长态势，这无疑会给上海市的交通安全造成了更大的压力。2003—2017 年，虽然上海市每年的交通事故次数在逐年减少，但是死亡人数下降幅度却较小。与 2003 年相比，2017 年交通事故发生次数下降了约 76 倍，而 2017 年死亡人数与 2003 年相比仅下降了约 1 倍，交通事故对公民的生命安全依然有较高的威胁。②

---

① 数据来源于《上海统计年鉴 2018》。

② 数据来源于《上海统计年鉴 2018》。

受访者认为上海市应继续改善交通安全问题。受访者李女士表示:"我对电动车相关事故比较在意。随着外卖行业的兴起,骑电动车的外卖骑手也多了起来,很多时候外卖骑手的车速很快,有时就会发生一些交通事故。我认为政府部门和外卖公司应该制定一些制度来对此进行规范。"

于先生认为:"我以前遇到过一个出租车司机,他好像是外地人,他说上海市对待外地和本地司机的态度不一样,警察若遇到本地司机违规,就可能少扣分甚至不扣分,抓得不太严;但是外地的司机就可能扣车,可能罚款很严,这方面存在区别对待。我认为政府对此应严加管理,规范交通运输市场。"

(二)上海市城市居民关注的城市公共安全问题剖析

受访者基于不同的生活经历、知识背景对九大类城市公共安全分项进行选择,赋予各类城市公共安全分项不同的重要性和重视程度。本部分内容致力于发现影响受访者做出选择的不同因素,并对受访者的选择原因进行深入分析,得出受访者做出选择的深层次原因,为科学发现并解决城市公共安全问题提供参考。

1. 分项安全的大众化、与城市居民生活的关联度成为影响受访者选择的首要因素

信息安全问题是上海市城市居民认为政府最亟待解决的问题。信息安全的实质就是要保护信息系统或信息网络中的信息资源免受各种类型的威胁、干扰和破坏,即保证信息的安全性。保护公民个人信息与保护公民的健康一样,至关重要。信息安全是当代公民的一项基本权利。信息安全的大众化和与城市居民生活的高度相关性使其成为受访者做出选择的影响因素。

当今社会,信息已成为最重要的资源,然而近年来,因信息泄露导致的恶性事件层出不穷。近年来,上海市的智慧城市建设取得了丰硕成果,公共信息安全保障体系初步形成。但在加快推进智慧城市建设背景下,由于系统规划不完善、统筹协同不力、法规制度支撑保障不力等因素,用户在信息化背景下存在道德防线不强、安全意识素养不强等现状,上海市信息安全面临从单点到多发、从内部到外部、从固定到移动、从局部到全面的问题与挑战,还没有形成健全完善、健康有序的信息安全保障格局。

受访者认为应尽快解决信息安全问题。黄小姐表示:"我认为信息安全方面的问题最迫切。如果信息不安全,个人信息、隐私泄露得比较严重,并且没有一个完善的法律去保护公民的权益,将严重侵犯公民的隐私权。"

经历过信息安全泄露问题的宁小姐表示："我觉得政府应优先解决信息安全问题。"

经常被电话、短信骚扰的杨小姐说："首先应解决的是信息安全问题。因信息泄露而被骚扰的现象确实比较多，或许每个人都曾遇到过。"

2. 分项安全的重要性极大地影响受访者的选择

各公共安全分项是否会关系到人民大众的切身利益是影响受访者做出选择的重要因素。民以食为天，食品安全重于泰山。近年来，由于各种食品安全事件的爆发，公众普遍对食品安全存在关心和担忧。除了亲身经历的食品安全问题以外，公众的食品安全感很大程度上受新闻媒体报道的影响，食品安全领域频繁爆出负面新闻，无疑会加大公众对食品安全的担忧。

《2017 年上海市食品安全状况报告》指出，2017 年各类食品监测总体合格率为 97.5%；年食品抽检数达到 10 件/千人；城市居民食品安全知识知晓率得分为 82.5 分；城市居民食品安全满意度得分为 76.1 分。注销或吊销各类食品生产经营企业证照共计 37 256 张，查处食品安全违法案件 6 714 起，罚没款金额22 372.69 万元。①食品安全犯罪案件主要呈现出三个特点：一是制售假冒食品、违禁加工食品的现象仍然存在。二是食品中非法添加和滥用食品添加剂的现象时有发生。三是网络化、跨区域化食品安全案件呈增加趋势。食品安全是人民生活幸福的关键，直接关系到社会的发展，食品安全问题越来越成为公众所关注的重点问题。因此，大部分受访者觉得应该首先解决食品安全问题。

受访者认为上海市食品安全问题较为突出。对于食品安全，受访者董先生表示："政府首先应该解决的是食品安全问题。人们普遍比较担心外卖食品的安全问题，比如说会有一些不干净的东西进入外卖食品中，外卖食品也不一定会经过检查，有些甚至是不合格商品、食品会通过外卖流入人们日常饮食中。我吃外卖食品会有吃到胃痛、腹泻的情况，但是之后投诉却无人理睬。上海市对此应该有统一的监管，对于食品小作坊的监管应该再加强一些。"

日常生活中遇到过食品安全问题的蒋小姐认为："首先要解决的应是食品安全问题。新闻报道过类似的事故，而且我也在生活中遇到了。食品安全问题就在我们身边，不得不引起我们的重视。"

3. 自身经历及背景成为影响受访者选择的重要因素

本次受访者的年龄、职业分布广泛，有着各种各样的生活背景，不同生活背

---

① 数据来源于《2017 年上海市食品安全状况报告》。

景的受访者背后隐含的是不同的生活经历和生活体验。比如,事业单位工作人员和进城务工人员对社会保障安全的体验有着较大差异,虽然身处同一座城市,但其关注的安全问题及自身的需要会随着身份、职业的不同而有所差异。

社会保障安全能够帮助个人应对常规生活风险,维护社会稳定。根据《上海统计年鉴2018》显示,2017年上海市持续完善社会保障制度,稳妥调整社会保障制度,平稳实现与国家社会保障制度全面接轨。上海市新增机构、长者照护之家养老床位1.1万张,总数达到14.04万张。至2017年年底,上海市城乡居民最低生活保障对象14.43万户、19.19万人,比上年下降5.00%,其中城镇居民最低生活保障对象11.48万户、15.71万人,比上年下降6.60%;农村居民最低生活保障对象2.95万户、3.48万人,比上年上升2.96%。[①] 上述数据表明,上海市社会保障压力依然较大,社会保障安全工作的开展依旧任重道远。

受访者期待上海市解决底层工作者的社会保障问题。外来务工的李先生表示:"首先要解决的是社会保障方面的问题,因为上海市是外来人口非常多的一个城市,应该让这些异乡人在上海市有一种归属感。想让这个城市有归属感的话,社会保障是非常重要的,应让外来人员感到可以融入上海市,在社会保障方面可以被平等对待。"

经历过大病的孙女士表示:"首先要解决医疗保障问题,具体来说就是看病费用应降低。一病回到解放前,有时居民要把一辈子的积蓄全部用到看一场病上面了。我认为目前看病的成本还是比较高。"

四、提升上海市城市公共安全的有关建议

在"总体国家安全观"指引下,保障城市公共安全已经成为城市治理体系和治理能力现代化进程中的重要任务。只有正视上海市在城市发展过程中存在的诸多问题,才能进一步促进上海市公共安全发展的总体水平,进而提升城市居民的安全感。上海市受访者从自身实际和生活体验出发,表达了自己对于城市公共安全各方面满意和不满意的观点及原因,并从自身、政府或者相关企业的角度,提出了一些较有建设性的建议。

(一)加强宣传教育,提高公民公共安全意识

安全意识是人脑对生活、生产等活动中安全观念的反映。安全意识会因个

---

① 数据来源于《上海统计年鉴2018》。

人的知识水平、实践经验、社会地位等方面的不同而不同。因此，加强全民公共安全教育刻不容缓。再完美的制度也会有漏洞，再精密的机器也会出故障，只有当公众的公共安全意识上升到与经济社会发展水平相匹配的程度，才有可能摆脱“事后诸葛亮”的怪圈，才能从根本上降低公共安全事件发生的概率。

受访者建议应通过加强宣传教育，带动城市居民参与公共安全建设。宁小姐在安全意识培养方面提出了自己的见解：“希望上海市在民生方面多下功夫，做到最好。政府应重视心理咨询，重视青少年健康成长，加大对公民的安全意识培养，在各个方面提高人民的安全意识，避免造成公民的财产和人身安全损失。”

关于自然安全方面，李先生认为：“要对自然灾害做好预警。如果发生较大的自然灾害，百姓没有预防没有经验的话，可能会有一些不必要的损失，而且我担心自然灾害发生时会得不到有效的救助。”

（二）加大监管力度，以强制措施保障公共安全

城市公共安全水平的提高不仅需要健全的法制作保障，还需要有效的监管来维持。首先，要强化政府在城市公共安全管理中的监管者角色，用制度的强制力来保障社会安全。其次，应充分发挥新闻媒体的监督作用。在一些国家，新闻媒体监督被当作除了立法、行政、司法三大权力之外的“第四种权力”，在一个国家的政治、经济和社会生活中极具影响力。在应对城市公共安全事件中，我国应鼓励新闻媒体大力开展舆情监督。

受访者建议提高食品行业准入门槛，切实保障食品安全。对于食品安全方面，陈先生表示：“我觉得食品安全要先从产业链抓起，先从餐馆开始抽检。很多餐馆目前只限于应付相关检查部门对各种合格证的检查。上海的餐馆有那么多，相关部门应经常去抽检，同时应对供货商进行抽检，对食品安全产业链的每一环都要加强管控力度。比如说菜市场，每户的位置是固定的，营业时间也是固定的，而且应该实名登记。同时，餐馆自身要想长久发展下去，也必须要对消费者负责，要有职业道德。”

（三）健全法制，保护公民的信息权益

“依法治国”是我国的立国之根，任何工作与活动的开展都离不开法律的保障。纵观我国法律体系，目前虽然已有《安全生产法》《突发公共卫生事件应急条例》等一系列法律法规，但对于复杂的公共安全管理体系来说，现行法律法规

仍不健全,还有很多公共安全领域的法律依据处于缺失状态。而完善的法律体系能够塑造出一个可预期的信息存储、使用和传播环境,有助于信息安全的利益相关方在有关规范内自行解决信息安全问题。

受访者建议加强立法保障信息安全。在信息安全方面,冯小姐表示:"信息安全方面,要通过不断完善法律法规体系,加大对违法行为的处理力度。有些时候手机可以显示被标注过的骚扰电话,政府和企业应联合起来,对这些号码进行核实、处理。企业应签订保密协议,比如对于客户隐私信息安全签一个协议。应重点提高信息泄露的违法成本,违法成本太低就会让不法分子觉得违法行为不会给自身造成太大损失。"

(四)提高准入门槛,加强食品企业自身建设

企业是保障和提高食品质量安全的第一责任人,为保证食品的质量安全,必须加强对食品生产加工环节的管理。在食品准入方面,要提高食品企业准入门槛,让在食品安全方面有保障能力的企业进入市场,有效减少"黑作坊"的数量。同时,食品企业应认清形势,具有长远战略眼光,主动加强自身食品安全建设,树立品牌意识,而不是急功近利、只注重眼前利益。

受访者建议通过提高监管力度来解决食品安全问题。关于食品安全方面,宋先生认为:"食品安全方面,首先应该提高对商家的行业准入标准,包括他们在认定和审核资格证书的时候,要不定期进行抽检,增加监管力度。现在食品行业鱼龙混杂,很多餐饮企业并不太注重规范,包括一些消费者,可能看到的只是表面,并不知道食品背后的一些事情。食品安全还应该有一个便利的投诉通道以便于投诉,简化投诉流程。"

(五)创新治理方式,构建多元治理新模式

新形势下,影响城市公共安全的风险不再只是过去单一的表现形式,日趋呈现复杂化的特点,并伴随着诸多的并发性风险。因此,要提高城市公共安全水平,必须摆脱传统的政府管理模式,构建多元治理新模式。多元治理新模式是政府、社会组织和公民等多元主体共同参与治理,有效整合社会治理资源,提升社会治理水平。在构建公共安全多元治理模式中,要引导社会公众树立多元治理思维,加强法治化、制度机制建设,培育社会组织等社会力量,形成合力推进公共安全及应急管理现代化。

受访者建议政府在公共安全方面应采取多元治理模式。魏先生认为:"信

息安全方面，政府应该加强管制，加强事后责任追查。重要的是企业要加强社会责任感，因为企业在信息安全保护方面也是重要的主体之一。"

安女士认为："生态安全方面，坚持河长制，对水域进行分人负责，垃圾处理方面也应该更环保一些。同时，公众也应该树立环保意识，明确主人翁意识，共同致力于环境建设。"

沈 阳 篇

访谈时间： 2018 年 9 月 28 日—10 月 7 日

访谈地点： 沈北新区、和平区 、铁西区、浑南区、苏家屯区、皇姑区

访谈人员： 张莹　李超

沈阳市是辽宁省的省会及沈阳经济区核心城市，中国东北地区的政治、经济、文化、商贸中心，全国 15 个副省级城市之一，中国先进装备制造业基地和国家历史文化名城。沈阳市位于中国东北地区的南部、辽宁省中部，位于北纬 41°11′51″～43°2′13″、东经 122°25′9″～123°48′24″。沈阳市东临抚顺市，南与本溪市和辽阳市相连，西与鞍山市的台安县、锦州市的黑山县、阜新市的彰武县接壤，北与内蒙古自治区科左后旗及铁岭市的昌图县、开原市和铁岭县相邻。沈阳市下辖 10 个区、2 个县、1 个县级市，面积 1.29 万平方千米。①

一、调查背景

国家多次强调，要把公共安全作为重要民生工作抓紧抓好，把公共安全工作放到经济社会发展大局中谋划，加快构建全方位、立体化的公共安全网，政府切实承担起促一方发展、保一方平安的政治责任。公共安全评价是民众对社会平安状况的直接感受和综合反映，对于公共安全评价的研究既是维护社会稳定、抗击风险的有效途径，也是发现公共安全问题，及时进行风险预警、使风险前置管理落到实处的重要举措。本次深访调研通过"城市公共安全管理智库"平台，深入一线调研各城市居民对公共安全的满意度，通过深度访谈、调查问卷等形式，收集第一手数据资料，为政府构建公共安全网提供数据支撑和管理途径的借鉴。

① 来源于沈阳市人民政府网站。

本次沈阳市城市公共安全调研，自 2018 年 9 月 28 日起至 2018 年 10 月 7 日结束，共计 10 天，调研地点为沈阳市沈北新区、和平区 、铁西区、浑南区、苏家屯区、皇姑区。为保证调研地点及调研对象的广泛性和代表性，本次调研对居住在沈阳市沈北新区、和平区、铁西区、浑南区、苏家屯区、皇姑区的 36 位城市居民进行了访谈。

在调查群体方面，充分考虑到性别、工作、年龄等身份背景的差异，选择了在沈阳市居住时间超过两年的居民作为调研对象，访谈地点覆盖了高校、商场、公园等各类场所，以保证受访者的观点具有一定的普遍性和代表性。从性别上看，男性 18 人，占 50.00%，女性 18 人，占 50.00%，男女比例相同；受访人群的年龄结构分布较为平均，其中 26 岁以下受访者 7 人，占比 19%；26～35 岁受访者 11 人，占比 31%；36～45 岁受访者 10 人，占比 28%；46 岁以上受访者 8 人，占比 22%。在职业背景方面，涵盖了高校学生、个体经营者、企业员工以及退休人员等，职业种类覆盖面广，调查过程中访谈人员听取了不同职业人群对城市公共安全的看法。

二、沈阳市城市公共安全评价

公共安全评价是公众基于特定时期的社会状况的主观感受和评价，是公众在一定时期内的社会生活中对人身、财产等合法权益受到或可能受到侵害及保护程度的综合意识反应，反映了公众对社会治安的肯定程度及相应的生活态度。本次调查从自然、环境、食品、治安、交通、公共卫生等领域对沈阳市城市公共安全进行全面考察与剖析，有助于理解沈阳市城市公共安全的特点和面临的挑战，从而构筑全方位、多角度的系统安全体系，为政府化解社会风险、维护社会稳定、保护个人安全需求提供相应的建议。

（一）沈阳市城市公共安全整体评价

城市公共安全直接体现了与城市居民日常生活密切相关的公共安全利益的需要。此次调研以自然安全、生态安全、公共场所设施安全等九个方面的公共安全为访谈框架，对沈阳市城市公共安全进行全方位剖析，为沈阳市城市公共安全治理提供借鉴。

对于沈阳市城市公共安全状况的分项满意调查显示（见图 1），沈阳市城市居民对于自然安全、公共卫生安全、治安安全这三项的满意程度较高。在 36 位受访者中，对自然安全满意的人数达到了 29 人，有 24 人对公共卫生安全表示满意，对治安安全的满意人数为22人。受访者对沈阳市公共安全状况的满意度反映出政府在自然安全、公共卫生安全、治安安全方面的优良执政能力和管理能力。良好的公共安全状况能够提升城市居民的幸福指数，增强政府的公信力。

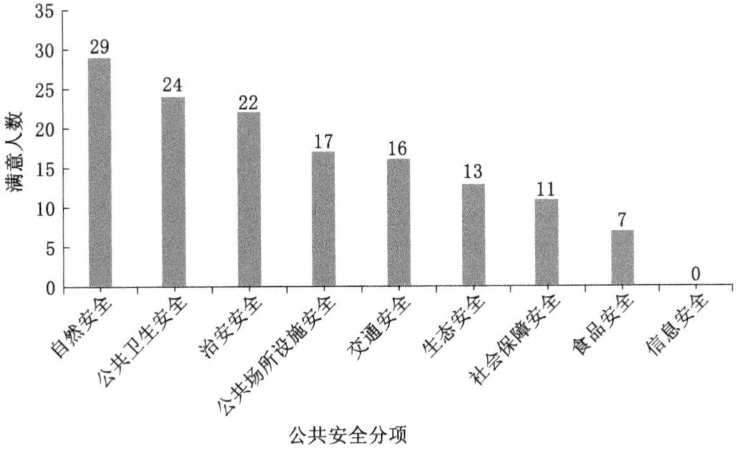

图1 令人满意的沈阳市公共安全状况

在此次调研过程中，受访者对沈阳市公共安全状况总体满意，但部分公共安全分项的建设工作亟待改善，满意度有待提高。由图2可知，令沈阳市城市居民最不满意的公共安全分项分别为信息安全、食品安全、生态安全。在36位受访者中，有24人表示对信息安全担忧，有23人认为食品安全状况需要改进，

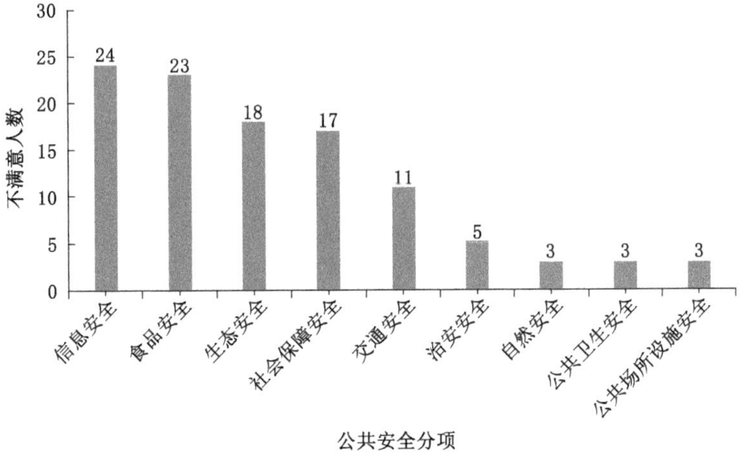

图2 令人不满意的沈阳市公共安全状况

有18人对生态安全表示不满。受访者的不满状况反映出现有的公共政策在信息安全、食品安全、生态安全方面的不完善，存在政府角色缺失的现象。

（二）沈阳市城市公共安全分项评价高的原因

在调研过程中，沈阳市正处在“三城同创”（创建国家卫生城市、建设国家健康城市、创建国家食品安全示范城市）期间，受访者普遍反映“三城同创”有效地改善了沈阳市城市公共安全状况以及城市面貌。

1. 地理环境优良，应急预案完备

沈阳市位于辽河平原中部，东部为辽东丘陵山地，北部为辽北丘陵，地势向西、向南逐渐开阔平展，地质结构稳定，少受地震等地质灾害影响。沈阳市地处温带半湿润大陆性气候，受季风影响，降水集中于夏季，四季分明，冬寒时间较长，冬季降雪量较高。沈阳市政府制定了完善的自然灾害应急处理预案，对于积水、洪灾、冰雹等自然灾害均能够及时应对处理，有效地减轻了自然灾害对人们生活的影响。受访者表示，不会对沈阳市的自然安全感到担忧，并且相信政府具备良好的自然灾害应急响应能力。

多数受访者表示沈阳市地理位置优越，少有自然灾害发生。张女士表示：“沈阳是个宝地，自然灾害特别少，地震极少遇到。洪涝灾害好多年都没有了，大暴雨的时候，一般市政或者消防的抽水车都提前准备妥当，一旦有积水马上往外抽，处理得很快。”

张先生表示：“沈阳市在防治自然灾害安全方面做得很好，我有一些战友在应急系统相关单位工作，遇到暴雪、暴雨等极端天气时，他们都会及时守护在重要的岗位上，及时抗灾。”

2. “三城同创”，科教宣传普及

沈阳市在“三城同创”的关键时期，市政府通过投入大量人财物对市容市貌进行了全方位的改造，设立了专门的垃圾回收点，整改了一批无证经营的食品加工小作坊，城市公共卫生安全有了整体改观。例如，在2018年非洲猪瘟疫情时，沈阳市政府及时响应，通过权威媒体、社区宣传板报、专家科普教育等多途径对疫情现状进行报道，宣传正确的应对措施，提高公众对动物检疫的认知，避免公众恐慌，在城市入口处设立检疫关口，保证城市公共卫生安全。

受访者表示在“三城同创”的形势下，沈阳市的食品、卫生等领域安全正在逐步改善。陈女士认为：“今年‘三城同创’对无证经营的食品加工小作坊进行了全方位整改，政府下了很大的力气去做这件事情，效果也不错，公共卫生方面

得到了很大的改善。”

丁先生对政府的应急管理措施表示满意：“前段时间发生猪瘟疫情时，新闻说可以放心吃猪肉，不传染，当饭菜烧到一定温度就自动杀菌了。这种病毒只是对禽畜互相传染而不对人类产生威胁，高速路口或者城市的进入口也都设立了相应的检查口。那段时间，我是吃猪肉的，我相信政府。”

3. 法制意识提升，警力配比合理

治安安全方面，沈阳市政府以提升公众法制意识作为重要抓手，在各社区街道设立“扫黑除恶、依法治国”法制宣传栏；各交通要道、重点场所，均已安装高清电子监控设备；商业中心广场、客运交通枢纽、开放式小区等人员密集场所，巡逻的警察随处可见。普及的法制教育、完备的监控设施、充足的巡逻警力现已在沈阳市形成立体式社会治安保障体系。

部分受访者反映沈阳市的治安安全水平日渐提升。“现在打架斗殴的人也少了，主要原因是现在人们的法律意识提高了。扫黑除恶、依法治国的条幅随处可见，人们已意识到可以通过合法渠道解决问题的就没必要选择打架这种行为。”

刘先生对沈阳市的治安安全表示满意：“这两年政府在社会治安上投入了大量警力，走街串巷都能看到警察，监控随处都有，人们很有安全感。”

（三）沈阳市城市公共安全分项评价低的原因

在此次调研中，受访者表达了对于沈阳市城市公共安全各分项的感受和看法。除了自然安全、公共卫生安全、治安安全等公共安全分项的满意程度较高外，其他各城市公共安全分项的满意度还有待提高，城市居民的安全感不足。其中，较为突出的问题集中于信息安全、食品安全和生态安全三个方面。

1. 隐私保护缺位，骚扰诈骗横行

信息通信技术对现代社会的影响程度已经达到了前所未有的高度，随着大数据产业的迅猛发展和手机 App 数量的井喷式增长，公共信息安全现已成为公众关注的首要问题。不法商家通过手机 App、信息登记等多种途径对公众的个人信息进行收集贩卖，为诈骗集团的犯罪活动和骚扰电话推销提供了精确的用户信息。在访谈中，多位受访者表示曾遭受过电信诈骗和各类骚扰推销。

受访者表示沈阳市的信息安全令人担忧。王女士在访谈中说道：“信息安全这方面政府做得不好。大数据时代个人信息几乎是透明的，我经常会接到各种推销电话和信息，手机 App 这一块的信息泄露还是挺严重的。”

田先生也认为现在信息很不安全:“生活中很多时候都需要填写个人信息。我经常接到一些骚扰电话和推销电话。因为现在买房子买车,电话号码首先要写给商家,所以就有一些不法分子利用这个渠道来购买手机号码信息,之后会对手机持有人进行骚扰或是进行保险诈骗和商业诈骗。”

2. 食品安全形势严峻,维权意识匮乏

民以食为天,食以安为先。食品安全是人类赖以生存和发展的最基本物质条件。政府在满足供给的同时,要注重食品安全保护。随着外卖产业的兴起,越来越多的无证小作坊通过各类途径入驻外卖平台,其生产环境、卫生状况、食材品质等都未得到有效监管,就直接流向了餐桌,食品安全令人担忧。当面临食品安全问题时,多数受访者表示,现如今食品安全维权难、维权烦、维权成本高、维权周期长是公众不愿维权的主要原因。长此以往,公众维权意识的匮乏也就成了食品安全问题日趋严重的重要推手。

部分受访者表示沈阳市的食品安全仍存在一定隐患。刘先生认为:“食品安全方面有待加强。外卖的食品安全状况令我担心。我会担心地沟油的问题,但自己也没办法检验,只是说能少吃尽量少吃。现在食品维权太麻烦,没有人会维权,顶多给商家差评,没有时间因为几百块钱或者是几十块钱的东西去折腾。”

3. 工业污染严重,环境治理不力

生态环境是人类经济发展的载体和基础,受访者对沈阳市生态安全的不满多集中于城市工业废气排放和政府治理力度不足等方面。沈阳市作为东北老重工业基地,其空气质量一直饱受争议,虽几经治理,但大量工厂依旧在排放废气,秋冬季雾霾相当严重,这在很大程度上降低了公众的生态安全感。在日常饮用水方面,公众普遍反映经水厂处理过后的自来水依旧存在异味,不经过滤、煮沸等二次加工,根本无法使用,多数公众只能选择自行购买矿泉水或者加装净水器。

部分受访者表示沈阳市工业污染仍十分严重,生态安全令人担忧。徐女士表示:“生态安全方面,沈阳市的空气质量不是特别好,冬天的雾霾较为严重。水质也不太好,我一般喝烧开的矿泉水,不太敢喝烧开的自来水,对水质有一定的担忧。”

赵女士认为:“之前一到冬天城市里到处都是大烟囱,冒着黑烟,戴着白口罩出去走一圈,嘴巴鼻子这一圈都是黑的。现在这种现象已经好多了,但城市里的雾霾还是很严重。”

三、沈阳市城市公共安全问题的具体表现

公共安全包括公民生命、财产、社会生活秩序和生态环境的安全，直接体现了与公民日常生活密切相关的公共安全利益的需要。对公共安全问题进行研究，可以进一步了解公众对于公共安全的需求，从而可以为政府制定行之有效的公共安全政策提供参考和帮助。本部分内容主要探究沈阳市城市居民最关注的、应优先解决的公共安全问题。

（一）沈阳市城市居民最关注的三项公共安全问题

此部分内容的研究，主要为了探究沈阳市城市居民所重点关注的公共安全分项，从沈阳市城市居民最关注的三项城市公共安全问题的概况、成因以及民众选择的现实依据三个角度来展开研究。不同的受访者均基于自身不同角色、不同立场表达了自己的看法。统计数据显示，“食品安全”“社会保障”“交通安全”成了沈阳市城市居民最为看中的三个公共安全分项，有24%的受访者认为食品安全最为重要，分别有16%的受访者更看重交通安全和社会保障安全，见图3。

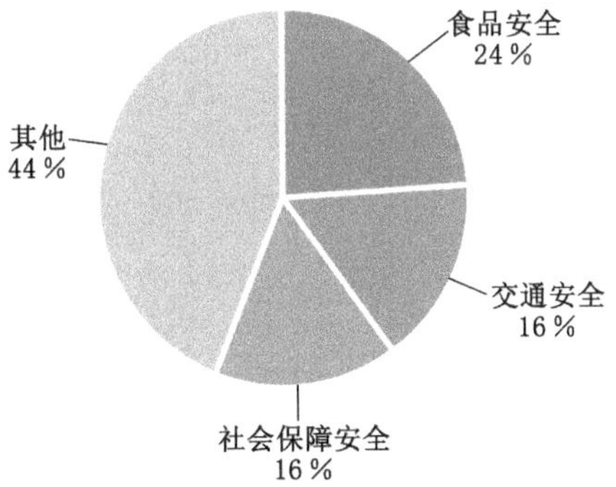

图3　沈阳市城市居民最关注的三项公共安全分项

1. 食品安全问题频发、媒体跟进宣传曝光

民以食为天，食以安为先。食品安全与民众的基本生理需求息息相关，政府在保证数量供应满足需求之后，食品质量、食品安全应当受到足够的重视。2017年食品安全问题占据网络公众话题的前列，黑心外卖、假冒调料、保健品虚假宣传等问题，受到了社会的广泛关注。有受访者表示，虽然政府的食品安全抽检合格率很高，但公众的食品安全感却每况愈下。许多监管浮于表面，存在

政府未从源头上进行杜绝和处理的现象。这种客观检测结果和公众主观感受的分离,一方面是因为媒体的大量宣传报道,一方面也体现出我国在食品监管问题上存在很多漏洞。

沈阳市食品药品监督管理局统计数据显示,2016 年沈阳市食品检验机构完成抽检任务 4 957 批次,合格率 97.5%,其中生产环节抽检批次占总量的 80% 以上。生产环节的抽检工作覆盖 13 个区、县(市),抽检涉及 4 122 批次产品,合格率为 97.7%,其中 35 类全部合格,另有 18 类产品共计 95 批次不合格。从整体数据来看,不合格项目主要集中在微生物污染、食品添加剂使用、食品品质指标三个方面,占不合格总数的 98.7%。① 在信息公开和监管宣传方面,沈阳市市场监管部门依托沈阳市政府信息公开网站、新闻媒体公开食品安全信息,特别是对社会影响力大,与民众生活联系密切的热点信息进行全方位公开报道,在宣传数量和质量方面均取得了良好成效。

受访者表示食品安全问题必须受到重视。陈女士表示:"食品安全最重要。现在咱们吃的东西,一个是黑心外卖,再一个是油炸食品,这两个东西对身体都不好。而且一些食品店存在着重复用油的现象。另外,食品中的添加剂也比较多,我觉得食品安全现在是头等大事。"

张先生表示:"俗话讲,民以食为天。现在全中国的食品安全整体都不乐观,不能忽略它的重要性。"

2. 社会保障负荷过重,老龄人口比例上升

党的十九大报告指出,社会主要矛盾已经转化为人民日益增长的美好生活需要和不平衡不充分的发展之间的矛盾。公众对于社会保障的需求与现阶段有限的社会保障条件形成了鲜明的差距。社会保障是社会稳定的安全阀,很大程度上影响着公众的社会安全感。沈阳市作为省会城市,其医疗条件在全省处于领先地位。但在访谈过程中,许多受访者表示,沈阳市的大型医院"一号难求",另外"看病难、看病贵"的现象依旧存在,并且医保金、养老保险金等基本生活保障资金跟不上物价的上涨水平,公众的生活压力较大。据统计,截至 2017 年年末,沈阳市在籍 60 岁以上老年人口数高达 1 789 142 人,占总人口比例的 24.29%。② 老龄人口对医疗卫生服务需求和治疗疾病经济的要求大幅度增加,已对沈阳市的劳动力供给结构、养老保障压力、社会保障负荷等产生了深远的

① 数据来源于沈阳市人民政府网。

② 数据来源于《沈阳统计年鉴 2018》。

影响。

相关资料显示，在社会保障方面，沈阳市参加城镇居民基本养老保险 114.1 万人；参加城镇职工医疗保险 329.1 万人，同比减少 9.4 万人，参加城镇居民医疗保险 176 万人，同比增加 16.7 万人，新型农村合作医疗保险参保人数达 185.71 万人。沈阳市共有医疗机构 4 600 余家，执业医师 4.5 万人，执业护士 4.6 万人，但多数集中于三级甲等公立医院，各类医疗资源分配不均。全市注册全科医生人数仅有 1 538 名，基层医疗服务水平有所改善，但与公众需求仍有较大差距。①

部分受访者认为社会保障体系应进一步完善。许先生表示："重视社会保障的原因是我得先把我的后顾之忧解决掉。社会保障涉及我们年老后的生活，现在缴纳养老保险，老了之后国家就会发养老金，保障我们的基本生活。另外，去医院挂号看病还得排队，虽然有医保，但个人负担还是很重的。"

3. 交通环境构成复杂、交通事故隐患尚存

交通安全评价是交通参与者对其交通权益受到或可能受到侵害和保护程度的主观感受和评价，包含权益受到侵害和受到保护两个方面。对于车辆驾驶员来说，他既是交通安全状况的创造者，也是交通安全状况的接受者。随着城市道路规模的发展，各类交通工具数量激增，交通环境构成日趋复杂，交通隐患亟待解决。总体而言，机动车驾驶员的交通安全意识有所提高，开车玩手机、机动车不让人等违法违规现象已经有所改善。但非机动车驾驶员和行人的交通安全意识依旧较弱，对于非机动车和行人闯红灯、横穿马路等违法行为的监管措施不到位，各类交通事故时有发生，这些都为沈阳市交通状况增添了许多危险因素。

相关数据显示，2010 年沈阳市共有机动车数量为 184 万余辆，2017 年机动车数量已经达到 436 万余辆，机动车数量的迅猛增长给城市交通带来了巨大压力，道路拥挤现象时有发生，道路安全事故居高不下。2017 年沈阳市共发生交通事故 956 起，造成人员伤亡 1 382 人次，并且交通事故呈现出逐年增加的态势。②

受访者认为交通安全值得关注。陈女士认为："交通安全方面很重要。人

① 数据来源于《沈阳统计年鉴 2018》。

② 数据来源于《沈阳统计年鉴 2018》。

们每天都生活在这个城市当中，都需要从一个地方移动到另一个地方。现在沈阳市车多，司机的素质提高了不少，但还是有个别的司机不礼让行人。行人、电动车闯红灯的比之前少了很多，但仍然存在一些漠视交通规则的人。”

（二）沈阳市城市居民关注的城市公共安全问题剖析

受访者结合自身不同的生活经历、教育背景、职业特性等对九大类城市公共安全分项进行了评价。本部分内容致力于对受访者做出不同评价的原因进行分析，探讨影响受访者进行评价的深层次原因，为政府科学全面地解决公共安全问题提供参考。

1. 分项安全的可执行性是受访者考虑的关键因素

许多受访者从政府政策行为的可执行性方面进行了考量，倾向于选择易执行、见效快、效果佳的公共安全分项。受访者期待政府采取切实可行、行之有效的解决措施，在短时间内即可获得良好的成果收益。受访者强调政府在城市公共安全建设方面所扮演的主导角色，指出应注重权衡政府监管行为的可行性并体现城市居民参与城市公共安全建设的积极性。

《沈阳市食品安全规制的消费者调查报告》显示，有96.57%的被调查者对食品安全表示高度关注，有66.84%的被调查者亲身经历过食品安全问题。食品安全的主要问题集中于劣质食用油、非法添加剂、转基因食品等几个方面。有63.24%的被调查者认为政府监管角色缺失，72.43%的被调查者认为政府处罚力度过低。[①] 2017年，沈阳市开展“创建国家食品安全示范城市，共建共享健康和谐幸福沈阳”为主题的食品安全宣传周活动，采取多种形式对人们进行食品安全科普知识宣传，畅通信息公开与民意表达渠道，积极促进政府职能转变，加快形成严密高效、社会共治的食品安全治理体系。综上所述，如何保证广大人民群众的食品安全，已经成为考验各级政府和监管部门执政能力的头等大事，直接影响人们的生活幸福指数。食品安全问题已成为公共安全领域应首先解决的问题。

受访者认为食品安全问题能得到有效解决，应尽快落实。李女士认为：“食品安全之所以应首先解决是基于可行性考虑。食品方面比较容易入手，也容易取得效果。政府应加大筛查力度，检查人员应负责一点，这样食品安全的状况能够很快得到改善。”

---

① 徐飞，杨凤，付佳妮.沈阳市食品安全规制的消费者调查报告[J]经济师，2015(8)：167-169.

王女士说："我期待政府应首先解决食品安全问题。希望政府能在食品安全方面加大监管力度，提出一些真正切实可行的解决方案。"

2. 对于不良后果的承受度是受访者考虑的重要因素

各公共安全分项在事发后的问题严重程度与受访者对不良后果的承受能力直接影响着受访者的选择。公共安全评价是公众对社会安全状况直接感受的一种综合评价，因此公众更倾向于选择具有重大意义，且对公众生命财产安全有着巨大威胁的公共安全分项，这也在一定程度上说明了这几个领域的公共安全问题是沈阳市亟待改善的。

沈阳市流经的河流主要有辽河、浑河两大水系，经流市郊的有辽河、蒲河、养息牧河、绕阳河、秀水河、北沙河等，河流水质相对较差，均受到了不同程度的污染。作为全国重要的工业基地，工业废水的排放已经严重影响到饮用水源、地下水源的质量，工业扬尘所造成了雾霾也已经对公众的生活造成了不同程度的影响。早在"十一五"期间，沈阳市对全市的高污染、重工业企业就进行了搬迁和关闭。沈阳市从 2016 年起，开展了黑臭水体综合治理工程，对全市的受污染水体、黑臭水河流均进行了治理，但对于污染的源头，生活污水的排放、工业废水的处理工作却缓步不前。受访者普遍反映，沈阳市的自来水异味重、沉淀物多的现象一直未得到良好解决，给人们生活带来了诸多不利，因此部分受访者建议要先解决生态环境污染问题。

受访者认为生态安全问题关乎人的基本生存。刘女士认为："生态安全的改善，首先要提高空气质量，没有污染，人就会少得病；少得病，自然而然就不用去医院。应提高空气质量，尤其应提高快入冬时候的空气质量。"

也有受访者表示："现在人吃的东西都不是很放心，以前的人身体多健康，哪里像现在人似的亚健康或是一身的病。尤其是和农村里农民吃自己家种的粮食的人相比，现在城里人吃的东西，农药和激素使用较多，还有转基因食品，人们也担心这些可能会对人的身体产生不好的影响。"

3. 职业背景、教育程度、居住地点等是受访者考虑的因素

此次受访者的职业背景、教育程度、居住地点各不相同，不同的个人背景使受访者对城市公共安全的体验有着较大的差异。例如企事业单位人员，对于信息安全、交通安全的需求程度较高，而居住于城市周边的人们则表示社会保障安全是其关注的重点。虽然处于同一区域地理环境，但每一位受访者所关注的公共安全分项会因个人背景而有所差异。

截至2017年年底，沈阳市各类机动车数量已经达到436万余辆，当年交通事故956起，造成1 382名人员伤亡。① 机动车数量的迅猛增长已经给城市交通安全带来巨大压力，根据2017年沈阳市道路拥堵状况相关调研报告，沈阳市多条道路年拥堵天数达150天以上，已经严重影响了沈阳市城市居民生活的方方面面，该问题的解决迫在眉睫。② 现阶段，沈阳市的交通安全问题主要体现在以下几个方面：首先，车辆保有量过大，已经远远超出道路交通负荷量，影响到城区内机动车及行人的通行能力。其次，停车位的紧缺，导致占道违规停车的现象较为突出，很多车主将路边作为停车位，造成道路利用率降低，阻碍了周边交通客运流的正常通行。再者，非机动车和行人的交通安全意识有待提高，闯红灯、翻越围栏等现象屡见不鲜。最后，出租车拒载、并客、绕路、多收费的现象时有发生，还有一定数量的网约车在没有营运资质的情况下，私自拉客，给沈阳市的交通安全带来许多不安定因素。

受访者普遍反映，曾经历过因个人信息泄露而导致的电信诈骗和电话骚扰事件。对于个人信息流出的途径，受访者则对手机App过度收集个人信息的现象颇有微词。中国消费者协会发布的《100款App个人信息收集与隐私政策测评报告》显示，91款App存在过度收集用户个人信息的问题，近半数App隐私条款内容不达标，位置信息、通信信息、手机号码等几项信息高居涉嫌过度收集或使用信息清单的前几名。③ 中国消费者协会发布的《App个人信息泄露情况调查报告》显示，我国遭遇过个人信息泄露情况的人数占比85.2%。当消费者个人信息泄露后，约86.5%的受访者曾收到推销电话或者是骚扰短信，约75%的受访者收到诈骗电话，约63.4%的受访者收到过垃圾邮件。④ 随着科技的进步发展，电子支付现如今已成为生活购物的主要支付手段。确保个人信息安全，就是要确保个人财产安全，因此较多受访者表示政府应当解决这一全国性的问题。

不同背景的受访者对于所关注的公共安全分项有不同看法。住在城郊的王先生认为目前的看病难、看病贵的问题十分普遍：“攒一辈子钱，看一次病，就会回到解放前。例如，做个小手术都得十万、八万的。老百姓一年能挣多少钱？

---

① 数据来源于《沈阳统计年鉴2018》。

② 连婷婷.沈阳城市交通拥堵治理问题研究[D]沈阳：沈阳师范大学，2016.

③ 数据来源于《100款App个人信息收集与隐私政策测评报告》。

④ 数据来源于《App个人信息泄露情况调查报告》。

老百姓的医保报销的比例还不一样。普通百姓真要是生大病或者发生一些意外事故，得不到有力的保障。”

在国有企业工作的许先生认为：“交通安全、信息安全、生态安全三个方面比较重要。现在车多、‘马路杀手’多，所以说走路的时候，即使不开车，也会遭遇人身安全风险。我有个朋友，在人行道上走，一个大货车的刹车突然失灵，这个朋友遭遇了意外。所以说随时都有意外发生，交通安全特别重要。交通安全意识不强，整个城市就乱套了。如果城市交通安全不好，个人信息泄漏、生态环境恶劣，我觉得这个城市就糟糕透了。”

四、提升沈阳市城市公共安全的有关建议

在公共安全评价方面，个体因素、公共安全事件、社会环境以及政府的公共安全管理能力等各项因素是一个不可分割的整体，通过研究受访者对于各公共安全分项的评价，可提升政府的公共安全管理能力，为政府制定相关政策提供思路。

（一）建立公共安全信息公开制度，提升公众的公平感、信任感

政府转型期，公众的民主意识提升，对公共事务的关注度上升，对公共信息的知情权和参与公共事务的话语权提出了新的要求。对于公共安全事件的恐慌不一定是事件真相，而是对真相的无知和由无知产生的恐惧，乃至由无知产生的信息传递偏差导致的盲目恐慌。要使消极作用降到最低，政府就必须保证公众的知情权，保证信息正规传播渠道的通畅。只有提高公共安全信息的科学性、客观性和透明度，加强正面引导，才能最大限度地避免出现由于信息滞后或失真导致的将事故消灭在萌芽时期的大好良机。

受访者认为政府在信息公开上应更加透明。张先生认为，“老百姓有什么想法或者是意见想向政府去提目前没有太好的途径。很多问题都不是单独的一个问题，是环环相扣的。必须一个环、一个环地慢慢去解。一个环出了问题，后面的环都会受到影响。政府当前最应该做到的，就是把能公开的信息公开，老百姓只有首先知道事情的真实情况，才能够去看这件事情合理不合理，不要让老百姓在不知情的情况下怀着恶意去揣度政府的想法或者行为。”

（二）传统监管与现代科技相结合，增强政府靶向监督管理水平

建立“互联网＋食品安全”体系，探索以互联网大数据为核心，源头可溯、全

程可控、风险可防、责任可究、绩效可评、公众可查的市场监管信息化体系，利用科技的力量进一步牢固树立食品安全防线。建立基础数据建设中心，汇集市场主体信息、动态监管信息、检验检测结果、风险预警监控等关键数据，将数据进行重组、牵引，为智慧监管提供基本数据支撑，利用大数据进行食品安全热点分析，提高食品安全的靶向监管水平。

受访者认为政府在监管中要应用新技术。从事互联网工业的一位受访者针对食品安全方面提出了自己的见解："现在科技发展迅速，政府应当建立一个'互联网＋'机制，对食品安全进行远程监控，单纯靠人力抽查劳民伤财，效果还不好。现在外卖平台做得已经很完善了，在收集个人信息的同时，可考虑对这些不良商家的信息进行收集，对于食品安全投诉较多的商家，可直接举报到市场监管部门。互联网企业要有责任心，不能只图钱不管老百姓的食品安全。"

（三）强化相关法律法规的可执行性，持续增强顶格处罚整治力度

虽然目前我国有数十部法律法规涉及个人信息保护，但是要真正保护好"大数据时代"的个人隐私，需要进一步提高法律的可操作性，能比较全面地覆盖目前信息侵权行为的各种表现，减少法律盲区，同时应提高对于个人信息侵权行为的惩罚力度，要切断网络犯罪利益链条，持续形成高压态势，使广大消费者的合法权益免受伤害。

受访者认为政府在信息安全法律法规上应强化法律的可执行性。有受访者表示："对于信息安全来说，我觉得现在国家的相关法律应该加大惩罚的力度。我们在使用很多软件产品的时候已经没有什么隐私可言了。另外，现在国家严打信息泄露的法律法规不健全。这个事情再这么发展下去，公民的信息安全就无从保障了。"

（四）打造安全风险预警应对机制，完善公共安全管理体系建设

城市居民的公共安全评价在一定时期和社会整体环境相关，并会随着时间的推移、地域的改变、受访者主客观条件的变化而变化。政府应制定一个完善的风险预警机制，对各类公共安全问题进行监控、预测和报警。公众在遇到维权难的问题时，就体现了我国目前管理体系的低效无序。单就食品安全问题而言，就涉及食品药品监督管理部门、市场监督管理部门、卫生部门和消费者协会等多部门，造成了多头管理、职能交叉、责任不明等现象。政府应建立起一个统一指挥、分工协作、无缝对接的公共安全管理系统，划分不同政府部门间食品安

全风险交流的责任清单，明晰部门职责，进行事权、责权划分，做到政府、企业、媒体、学者、公众等共同治理。

受访者认为政府应建立成熟的公共安全管理机制。王女士表示："我们之前做过关于食品安全方面的社会调查。调研对象是沈阳市几个高校的大学生，调查的结果不是很乐观。被调查者在遇到食品安全问题时多选择忍气吞声，或者是之后再次消费的时候躲开那些商家。维权很难，那么多政府部门，不知道该去哪一个部门去投诉维权。政府和公民之间应该建立一个良性的管理机制。'三城同创'这件事情政府想要坚持下来的话需要做出很大的努力。政府在不同时期，关注哪个热点话题，老百姓也随之去关注，这样很难形成长效管理监督机制。"

（五）积极开展各类安全通识教育，助力公众公共安全意识提升

公共安全评价属于主观评价，与公众对安全知识的掌握程度成正相关关系，这表明公众对于自己掌握的安全知识越自信，其安全感就越高。受访者表示对于公共安全知识的获取多是通过电视、报纸、政府发放的安全手册，另外社区活动的宣传也起到了一定的作用。但限于客观条件，各类知识讲座、学校课堂教育、安全演习等并不能很好地覆盖各类群体，也不是所有公众都愿意参加此类活动，所以积极通过网络开展各类安全知识的通识教育或是以单位、社区、学校为单位开展多种类、多形式、多渠道的安全通识教育则显得尤为重要。

受访者认为政府应通过宣传教育提升公众的公共安全意识。张女士认为："政府要加强公众的公共安全意识教育，特别是应对学校的学生开展各类安全讲座、防灾演习，让他们从小树立安全意识。另外除了政府可以有所作为，企业和公民个人也应该做出努力。公民个人应做好防护措施，提高安全意识，做一些安全防范行为。"

张先生则对安全教育的方式方法提出了见解："我觉得现在的这些安全通识教育大多流于表面，开个讲座、挂个宣传画就算进行教育了。我们应该对此真正重视起来，多开展一些实际性、参与性的活动，不能光是讲授理论知识。这样的话，遇到突发情况时也不会出现以为自己会，结果一做就错的情况了。"

西安篇

INTERVIEW REPORT

访谈时间：2018 年 9 月 28 日—10 月 3 日

访谈地点：雁塔区、新城区、临潼区、莲湖区

访谈人员：张茜　熊亚超

西安古称长安，是中国西北部最大的中心城市，下辖 11 个区、2 个县、7 个国家级（含省级）重点开发区，代管一个国家级新区——西咸新区。西安市总面积 10 752 平方千米（含西咸新区）。西安市地处关中平原中部，是国家明确建设的国际化大都市之一、国家中心城市，先后获评国家卫生城市、国家园林城市、中国形象最佳城市、中国国际形象最佳城市、全国第四届文明城市、全国第五届文明城市、中国最具幸福感城市。① 2018 年年末西安市常住人口 1 000.37 万人。②

一、调查背景

公共安全建设对于构建和谐社会，推动全面小康建设，乃至中华民族的伟大复兴都具有非常现实和深远的意义。城市公共安全是城市经济发展与社会进步的前提条件，是世界共同关注的热点问题。近年来，我国城市公共安全事件频发、影响逐步扩大，城市公共安全管理面临前所未有的严峻挑战。本次深访调研通过“中国城市公共安全管理智库”这一平台，进一步拓展了城市调研范围，延展了调研深度，深度挖掘了城市居民对于城市公共安全的感受，为城市公共安全领域的后续研究提供了第一手资料。

经过前期的学习培训，访谈人员对此次西安之行进行了整体规划，访谈历

① 来源于西安市人民政府网站。

② 数据来源于《西安统计年鉴 2019》。

时6天，从2018年9月28日至10月3日，访谈地点选取在西安市雁塔区、新城区、临潼区以及莲湖区，访谈人员辗转在几大区，采访了40位城市居民，并充分领略了西安市的城市风貌。在40位受访者中：男性受访者20人，女性受访者20人；在年龄分布上，20岁以下受访者1人，20～30岁受访者20人，30～40岁受访者14人，40岁以上受访者5人。此次受访者较为集中在中青年群体。近年来，城市生活的各方面都有着较大的变化，中青年群体正享受着我国经济飞速发展时代的各种便利，他们的感受与体验在受访群体中十分丰富。职业分布方面，有在读学生、公务员、家庭主妇、个体经营者以及企业工作人员等，职业范围比较广泛，兼顾了不同职业背景人群对于公共安全问题的感受与评价。

二、西安市城市公共安全评价

城市公共安全评价反映的是公众对整个城市环境的安全感知程度，关系政府角色、公共政策、行政管理行为、人民生活、社会稳定等多个层面。本次调研从更加全面的角度编制了符合当代中国国情的城市公共安全访谈提纲，通过了解西安市的公共安全状况，呈现出西安市的公共安全现状、面临的挑战以及存在的问题，为西安市政府的公共治理提供一些建设性的意见和建议。

（一）西安市城市公共安全整体评价

通过城市居民对自然安全、生态安全、公共场所设施安全、食品安全、公共卫生安全、交通安全、治安安全、社会保障安全、信息安全等九个方面的评价，得出西安市城市居民对西安市公共安全状况最满意和最不满意的几个方面，突出西安市城市公共安全状况的显性问题和隐性问题，为政府的公共治理提供借鉴和方向。

由图1可知，最令西安市城市居民满意的公共安全状况前三名分别是自然安全、交通安全和治安安全。在40位受访者中，36位受访者对自然安全感到满意，32位受访者对交通安全感到满意，26位受访者对治安安全感到满意。受访者的满意反映出城市居民对政府在自然、交通、社会治安方面公共政策的认可，同时也提升了城市居民对政府的信任感。

受访者除了对自然安全、交通安全、治安安全等方面比较满意外，公共安全的很多方面还有待改善，公民的安全感、满意度有待提高。由图2可知，令西安

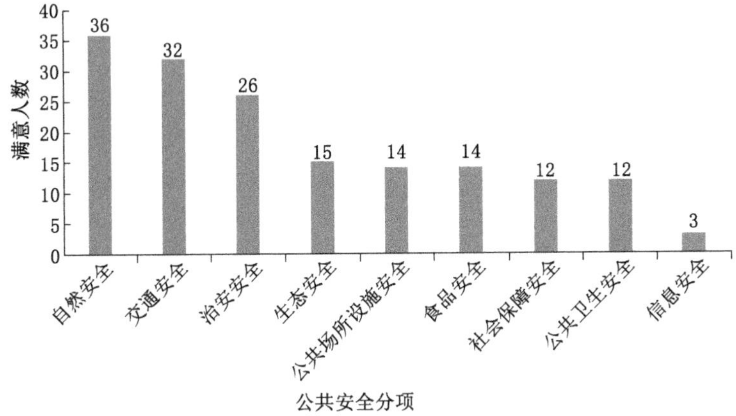

图1　令人满意的西安市公共安全状况

市城市居民不满意的公共安全状况前三名分别是信息安全、公共卫生安全和生态安全。在40位受访者中，37位受访者对信息安全感到不满意，34位受访者对公共卫生安全感到不满意，32位受访者对生态安全感到不满意。城市居民的不满意反映出对政府在信息安全、公共卫生安全、生态安全方面公共政策的不认可，降低了城市居民对政府的信任感。

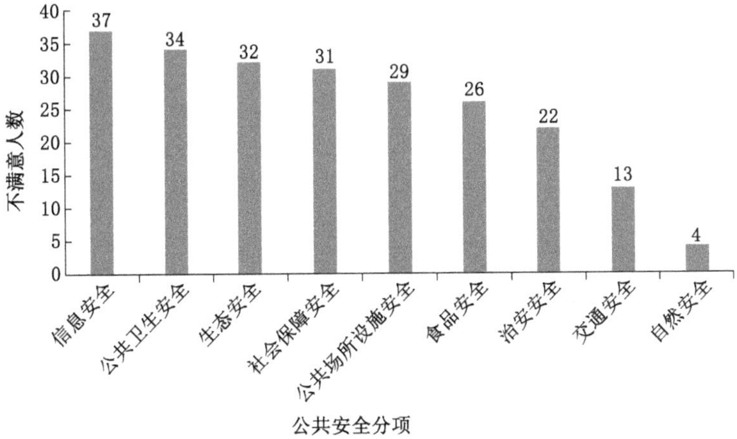

图2　令人不满意的西安市公共安全状况

（二）西安市城市公共安全分项评价高的原因

自然安全方面，由于西安市地处关中平原中部，北濒渭河，南依南岭，自然灾害少有发生；政府积极采取了各种自然灾害防范治理措施，现代科技的发展也提供了许多预测手段,有效地减轻或避免了自然灾害的严重后果。交通安全方面,“车让人”制度贯彻实施良好,现代交通系统更加发达,道路规划更加科学有序,公民的公共交通意识大幅提高。此外,近年来相关部门加强了申领驾照的难度,驾驶人员素质有所提高,交通安全整体较好,虽然仍存在拥堵现象,但是政府也在积极应对,如“限行”政策的常态化。社会治安方面,为了治理西安市小偷较多的问题,政府在车站、商业区等人流量密集的地方增加了警察巡逻队。另外,在晚上9点至10点,警察也会通过加大巡逻次数来确保西安市治安安全,这种做法收效甚好,很多受访者表示对西安市的治安安全很满意。

1. 地理位置优越,自然灾害稀少

西安市地处黄河流域中部的关中平原,位于渭河之南,秦岭之北,自然环境十分优越。西安城位于关中平原的中部——关中平原地势最为开阔的地方。西安市阳光照射充足,属于暖温带半湿润大陆性季风气候,雨量适中,冬冷夏热,四季分明,因其优越的地理位置,台风雨涝天气很少降临。同时,西安市政府积极采取了各种自然灾害防范治理措施,现代科技的发展也为自然灾害提供了许多预测手段,有效地减轻或避免了自然灾害的严重后果。受访者普遍表示对西安市的自然安全不会感到过分忧虑,对自然灾害不会过分担忧。

受访者表示西安市地理位置优越,自然安全较使人放心。陈同学分享了政府采取措施有效解决道路结冰问题的案例:“我记得2017年年底天气特别冷,西安市的道路一直在结冰,有关部门使用工业盐,积雪很快就融化了。西安市政府组织了一些高校、机关部门上街扫雪并进入一些小区扫积雪,给市民出行带来了很多的方便,也让一些交通事故风险降得很低,对此我们还挺满意的。此外,西安市自然安全方面也让人比较满意。西安市是内陆城市,没有台风,降雨也不多,平时会有一些自然灾害,但是不会很多,也不会很严重。像洪水、旱灾或者是大冰雹子什么的都不太有。”

2. 公共交通系统日趋完善,城市居民安全意识日渐提高

近年来,西安市的现代交通系统愈加发达,道路规划更加科学有序,城市居民的公共交通意识大幅提高。2017年5月以来,“车让人”在西安兴起,有效地缓解了人与车之间的矛盾,人流密集的路口变得井然有序,渐渐形成了文明行车的好风气。西安市政府把燃油公交车大部分都换成了电动车,使得出行更加环保,90%的公交车用电或者用天然气,且车上的安全锤、灭火器都有配备,车辆安全而且准时。交通单位根据人流需要增加了不少新的公交路线,给公众的

生活带来了便捷。此外,近年来相关部门加强了申领驾照的难度,驾驶人员素质有所提高,交通安全整体较好,虽然仍存在拥堵现象,但是政府也在积极应对。受访者普遍表示并不担心西安市的交通系统会出现一些严重的事故,对公共交通工具的安全性较为信赖。

受访者表示西安市交通安全日渐改善。徐同学认为:“交通安全方面,从2017年的5月西安市实行了‘车让人’。之前在西安市过马路确实是很不方便,尤其是在比较繁华的一些商圈,车多,过马路是一个大问题。自从实行‘车让人’之后,老年人或者是一些残疾人过马路,都会变得方便很多,包括学校门口都会有车主动让学生。我觉得现在蛮好的,走到哪都比较有秩序。”

3. 警力投入促进环境改善,城市居民治安安全感倍增

西安市是一个旅游型城市,流动人口较多,客流量较大,早期社会治安混乱。但近年来,西安市的社会治安得到了很大改善,特别是小偷较多的问题得以有效解决。不少受访者反映自己以前经常丢失电动车、手机,但如今西安市的治安情况有了很大的改善,在一些商圈会有不定时的巡逻队,社区的民警会开巡逻车定时定点巡逻,小偷越来越少,整体社会治安状况都在好转。居住环境越来越安全,进小区需要刷门禁卡,陌生人进小区必须登记,安保措施比较完善。受访者对西安市的治安安全普遍持乐观的态度。

受访者认为随着警力的投入,西安市的治安安全日渐改善。钱女士表示:“西安市的治安安全挺好的。前几年小偷较多,我的手机被偷过两次。之前上学的时候学校食堂也混进来过小偷,警察和学校里的保安一起蹲点,把小偷抓住了。不过小偷是个各地都存在的问题,但是西安市近几年非常重视这个问题。平时一些人员密集的场所也都有警察值班。西安市的治安状况大体上算好的,小偷也不是那么常见了。”

(三)西安市城市公共安全分项评价低的原因

在调研过程中,有很多受访者直接表达了对于某一方面城市公共安全的不满态度,如:信息安全、公共卫生安全、生态安全等,这些问题比较集中、突出。信息安全方面,由于现代科技的发展,人们处于大数据时代,信息透明化程度高,受访者普遍反映信息安全遭受严重威胁。个人账号密码被盗、个人信息泄露、骚扰电话横行乃至于网络诈骗一度猖獗,这些问题比较突出,引起了公众普遍关注。公共卫生方面,针对“假疫苗”事件,受访者表现出极度的不满,并表示担心自己会接触到假疫苗或者劣质疫苗。另外,很多医院出现感冒就输液的现

象，因此很多受访者担心抗生素的滥用问题。生态安全方面，西安市生态安全方面的问题还是比较严重的，造成受访者对此不满的原因主要有雾霾严重、水资源污染、城市生活环境较差等。

1. 骚扰电话横行，网络诈骗猖獗

随着信息技术的快速发展，它在给人们带来便利的同时也带来了隐患，让人们生活在一个太透明的环境里，而人们的个人隐私却得不到应有的保障。一些受访者反映自己在生活中经常收到诈骗短信，由于现在移动支付很方便，大家出门都用手机付钱，万一手机的支付密码被盗，会造成很严重的财产损失。另外，还有受访者反映，在自己的一些社交账号被盗号后，欺诈者会以被盗者的名义进行诈骗活动。

部分受访者表示西安市的信息安全令人担忧。徐同学在实习期间曾遭遇网络诈骗："实习那一段时间，有一个电话打进实习单位的财务办公室，当时是实习单位的会计接的电话。电话里骗子说他是我们的合作伙伴，让我加他财务的微信，加了之后他就问我公司现在账上有多少钱，因为当时公司的账在我这里。我就觉得很奇怪，我一个新来的，为什么你要问我这些问题，而且是涉及公司比较隐私的数据。他还说是我们老板让他联系我的。我当时就觉得更奇怪，我们老板为什么要突然加我微信，还直接问我现在公司有多少可'挪用'的资产。我去找会计核实了这个事情，后来才发现这是一个诈骗电话。"

2. "假疫苗"事件爆发，抗生素滥用

公共卫生安全方面，当问及受访者是否会担心养老、就医等问题时，多数人表现出了担忧的情绪，这反映了他们的极度不安全感。"看病难、看不起病"的受访者似乎不在少数。近几年国家一直在完善社会保障政策，推行医疗改革，也取得了一定的成效，但"看病难"的问题依然存在。受访者表示，大部分城市居民会选择比较知名的医院，这样就造成了部分医院就医难的问题。有些时候挂号要提前很久预约，排队问诊、排队检查、排队缴费，等待的过程十分煎熬，这也在一定程度上反映出城市医疗资源分配的不均衡。对于抗生素滥用的问题，受访者也存在一定的担心，现在去医院就诊，基本上采用输液治疗，这给自身免疫力造成了一定的伤害。特别是一些小诊所，有时会为了自身的利益，存在"感冒就输液"的现象。针对"假疫苗"事件，受访者表现出极度的不满，并表示担心自己会接触到假疫苗或者劣质疫苗。尤其是对于孩子日常接种的疫苗，很多受访者持怀疑态度。自从疫苗事件曝光以来，一些家长就陷入了一个"两难"境地，不管是否接种疫苗，似乎都会对孩子产生一定的影响。很多家长表示，他们只能知道孩子该接种什么种类的疫苗，而对于所接受的疫苗是否安全，他们很担心。

部分受访者表示对公共卫生安全有所担忧。个体经营者李女士认为："对假疫苗或者劣质疫苗我特别担心。因为假疫苗对小孩的影响特别大。抗生素的滥用的话，对人体影响也是很大的。有些抗生素我觉得只要合理使用是可以接受的，如果滥用的话，我还是接受不了。我儿子之前生过一次小病，医生要求一遍又一遍进行检查。本来很简单的事情，最后搞得特别复杂。小症状没必要做那么多检查，是医生的判断力不行还是想多收费呢？"

3. 重工业作业污染，汽车尾气过度排放

生态安全方面，造成受访者不满的原因一是西安重工业太多，在临潼区有些工厂是晚上开始作业，悄悄排放一些污染物。目前西安市政府规定不许这些工厂夜间作业。建筑施工过程中的一些扬尘，政府也没有很重视。很多受访者反映有一段时间从手机软件上显示的指数看雾霾挺严重的，有些人选择戴口罩出门。二是地形的问题，西安市的地形把南下的空气都给挡住了，雾霾聚集在西安市出不去，导致空气特别差，尤其是在刮风的时候，会觉得空气质量更差。前几年还会有沙尘暴出现，情况较严重。近几年西北绿化有所改善，沙尘暴情况在持续好转，没有之前那么严重，但是雾霾的情况依旧存在。而且随着人民生活质量的提高，汽车普及率越来越高，人们经常开车出门会造成交通拥堵，加大尾气排放，空气污染严重。很多受访者反映西安市的雾霾问题严重。

部分受访者表示汽车尾气及生活垃圾问题严重影响西安市的生态安全。李女士说："我最不满意的是生态安全。雾霾比较严重确实是西安现阶段一个比较严重的问题。我觉得主要原因就是汽车尾气的排放，雾霾和机动车的尾气息息相关。空气质量前几年不好，雾霾特别严重，现在有一些变化。水环境的话，有一些河流被污染了且比较严重，部分河道散发着臭味。垃圾处理方面，居民基本都是随处乱扔，没有完全进行分类，有些老年人不进行垃圾分类处理。政府部门平时做的一些宣传工作也大多仅限于一些标语宣传。"

三、西安市城市公共安全问题的具体表现

通过研究城市居民最看重的城市公共安全问题，不仅可以更深入地了解城市居民视角下的公共安全状况，还可以为政府部门制定更具有针对性的政策提

供参考，从而增强城市居民的幸福感、安全感。本部分内容主要探究西安市城市居民最关注的、应优先解决的公共安全问题。

（一）西安市城市居民最关注的三项公共安全问题

研究西安市城市居民认为最重要的西安市城市公共安全问题，主要目的是掌握西安市城市居民所重点关注的方面。本部分内容从西安市城市居民认为最重要的本地城市公共安全问题的概况、成因以及受访者做出选择的现实依据三个角度来研究。通过整理受访者的相关回答可以发现，他们认为最重要的城市公共安全问题均与公众日常生活息息相关，主要集中在食品安全、治安安全和交通安全三个方面，占比分别为23%、22%和18%，见图3。

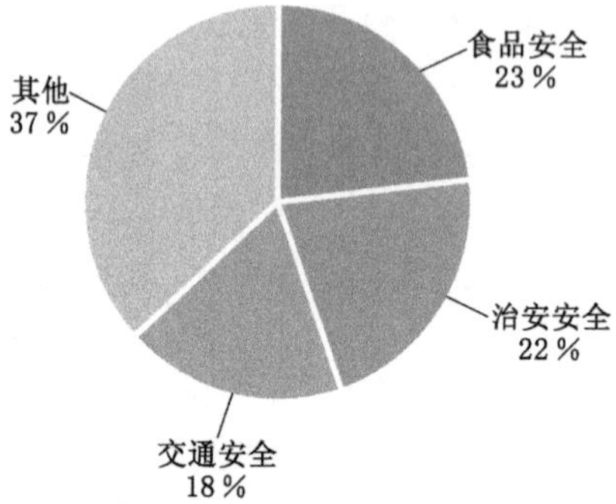

图3　西安市城市居民最关注的三项公共安全分项

1. 食品安全问题频发，引起公众广泛关注

食品安全关系到公众最基本的生理需求。近年来，在网上曝光和公众周边频发的食品安全事件令人胆战心惊，例如生产、销售不安全食品，欺诈消费者，虚假宣传等。一个又一个事件，引起了公众对食品安全的重视和关注。另一方面，西安市在食品安全方面投入了极大的宣传力度，西安市社区、学校、公司等场所都会举行一些食品安全主题宣传活动，在各网站、微信和微博公众号等公众媒体也会经常推送与食品安全有关的内容。通过有力宣传，公众更加深切地体会到了食品安全的重要性。

西安市市场监督管理局发布的《2017年度食品药品监管工作总结》显示：西安市共受理投诉举报6 028件，办理行政处罚案件2 928件。在信息公开和宣传方面，西安市场监督管理局充分利用市政府信息公开网站和新闻媒体等多种渠道公开食品药品安全信息，同时也宣传食品药品安全的重要性。特别是对公众关注度高、公益性强的热点信息及时主动公开。西安市政府全年通过门户网站发布政府公开信息 6 625 条，在线访谈 5 次，借助电视、广播、报纸公开信息 2 355 条，政务微博公开信息 450 条，“西安食药”微信公开信息 477 条，信息公开和食品安全宣传工作从数量上和覆盖面上均取得了明显成效。①

受访者认为西安市食品安全问题令人担心。闻女士表示：“食品安全方面，我觉得一些问题让人比较担心。我们尽量在家做饭，但是有时候也会在外面吃饭。在外面吃饭的话，会担心食品卫生安全问题。我会尽量选择感觉好一点的餐厅，比如环境好一点的。我觉得食品安全涉及两方面，一个是来自食物本身，也就是食材的来源，另外一个是把食材变成我们吃的食物的过程。之前我听说白玉菇是用药水泡过的，想想都害怕。我主要担心孩子的饮食安全，因为他还小。其实有更多的人需要加强防范，包括我自己，只是我觉得自己的抵抗力比较强。政府应让每个人都吃上放心的油、放心的米、放心的菜。”

2. 校园安全存在隐患，治安安全仍待提高

党的十九大报告指出，中国特色社会主义进入新时代，实现人民对美好生活的向往是我们的奋斗目标。而良好的社会治安是人民群众安全感、获得感、幸福感的重要保障，直接影响到人民美好生活目标的实现。在访谈中，受访者普遍反映西安市仍存在较多不法分子，严重危及社会治安。虽然较以前而言，社会治安得到了极大改善，但是仍旧存在较为突出的问题，如偷盗事件时有发生。

据相关资料显示，2011—2017 年西安市年立案刑事案件数量在 6 万到 11 万起之间，其中仅有 2012 年为 61 071 起，其余年份均多于 7 万起，2015 年达到了 108 956 起，而破案率仅在 35% 以下，每年抓捕作案人员均达万余人。2011—2017 社会治安案件数量从整体上看呈增加趋势。无论是治安案件还是刑事案件，都给社会治安带来了极大的损害。②

部分受访者表示西安市的治安安全仍存在一些隐患。一名受访者反映：“西安市的整体社会治安还是比较混乱，虽然以前那种‘明抢’少了，但是变着法儿地去偷东西、骗东西的不法分子还是很多。前段时间我的手机就被别人给抢了。我丢过两辆电动车、三四部手机了。我觉得西安市在社会治安方面做得不是特别好，小偷仍然比较多。比如电动车放在外面会被人偷。我们店前面还发

① 数据来源于西安市市场监督管理局网站。

② 数据来源于《西安统计年鉴 2018》。

生过好多次打架事件，甚至有拿刀砍人的，还差点把我们的车给砸了。”

社会治安方面，校园安全被着重提出。校园作为社会的一个单元，其安全不仅是学校稳定和发展的关键，还影响社会的稳定和进步。随着社会经济的发展，进城务工的人员越来越多，再加上校园办学规模的扩大，导致进入校园的务工人员数量不断增长，因此影响校园治安的不安全因素随之增加。受访者普遍认为虽然经过多年的努力，校园环境相对较好，但是仍会有不法分子危害校园安全。

一些受访者表示对于校园安全尤为担心。闻女士表示：“对于社会治安方面，我也存在一定的担心。现在小孩上学，在校内担心校园暴力问题；在校外，因为小孩是弱势群体，很多人会对小孩造成一些人身安全上的威胁，我还是很担心的。我会教育我的小孩不要欺负别人，但也不要被别人欺负，要提高自身的安全意识。”

3. 交通安全愈发重要，行车隐患普遍存在

在交通安全方面，交通工具给公众的出行带来了便利，每天上下班都要借助各种交通工具。对于公众来说，交通工具已经成了生活中不可缺少的一部分，因此交通安全受到公众的广泛重视。在过往案例里，女学生搭顺风车遇害事件、西安市曾经发生的公交车砍人事件等，都成为公众关注的焦点。西安市的公交车种类繁多，大小不一，缺乏一个统一的管理标准，而司机素质更是参差不齐，虽然现在驾校较以前更加严格，但是很多“新手”司机水平有限，加上对路况不太熟悉，导致交通安全事故时有发生。非机动车亦是交通安全的重要影响因素，电动车速度较快，加上其难以被监管，部分人在骑电动车时经常会做出违反交通规则的行为，因此而造成的安全事故屡见不鲜。在道路基础设施方面，西安市的道路比较窄，经常出现拥堵现象，公交车的车身宽且长，加上司机开车比较快，公众对此有一定的顾虑。

相关数据显示，近年来西安市社会车辆数逐年增加，2005 年仅有 54.46 万辆，但是截至 2017 年，已经达到 288.56 万辆，加上西安道路条件有限，这给西安市交通造成很大压力，道路拥堵等现象经常发生。道路交通事故数高居不下，在 2016 年甚至达到了 2 943 起，造成的损失较大，且呈现出逐年增加的趋势。①

① 数据来源于《西安统计年鉴 2018》。

部分受访者认为西安市在交通安全方面仍须改善。在访谈中有受访者说："西安市汽车站旁边的进口处比较窄，通行的车辆均比较宽，车辆转弯的时候速度非常快。有一次我亲眼看见一个小孩站在路边，一辆车把小孩直接撞倒在地，但司机却浑然不知，一脚油门就走了。幸运的是小孩也没什么大事儿。"

受访者方先生表示："骑电动车本身就存在一定的危险。电动车是一个安全系数相对较低的代步工具。要是出现汽车与汽车相碰，人员受伤可能性较小，保险公司介入处理就行了。但是一旦发生汽车与电动车相碰，人难免要受伤。"

（二）西安市城市居民关注的城市公共安全问题剖析

受访者基于不同的生活经历、知识背景对九大类城市公共安全分项进行选择，赋予各类城市公共安全分项不同的重要性和重视程度。本部分内容致力于发现影响受访者做出选择的不同因素，并对受访者的选择原因进行深入分析，得出受访者做出选择的深层次原因，为政府发现并解决西安市城市公共安全问题提供参考。

1. 普遍性、与公众生活的相关度是受访者的首要考虑因素

食品安全问题是西安市城市居民认为政府最亟待解决的问题。民以食为天。食品安全问题是一个需要强加管理的问题，也是一个普遍存在的社会问题。城市居民日常生活中直观接触到、最能感知到的几大安全领域是食品安全、交通安全、治安安全。普遍性、与城市居民生活的关联性是受访者做出选择的首要影响因素。

相关调查数据表明，大多数城市居民都集中关注食品安全问题，认可近年来政府的相关监管工作，并且希望政府在食品安全信息、食品质量、转基因食品、不合格食品来源等方面加大监管力度。外卖行业是食品问题的高发区。随着城市建设不断进行，电商发展迅速，西安市外卖行业的商铺加盟也越来越多。2015 年，西安市全年网上订餐实现年度收入 4 474.60 万元，同比增长达到 75.2%，并且选择外卖的人群仍在不断扩大。① 2018 年 4 月 9 日，由陕西省食品药品监管局开展的"舌尖上的安全看陕西"系列采访活动在西安启动。食品安全不仅事关百姓身体健康，也是百姓获得感、幸福感、安全感的基本要求。食品安全是人民生活幸福的关键，直接关系到社会的发展，食品安全问题也越来

① 綦佳雪. 西安市外卖行业发展状况分析[J]合作经济与科技，2018(24)：114-116.

越成为公众关注的重点问题。因此，大部分受访者觉得应该首先解决食品安全问题。

城市公共安全各分项的普遍性以及与城市居民生活的相关度成为影响受访者选择的因素。肖先生认为："西安市有着丰富的饮食文化，小吃便是一大特色。在西安市的任何一个地方都能看见小吃的存在，但是由于小吃的入行门槛比较低，所以会有很多小摊小贩的卫生质量无法得到保证，所以政府应该优先解决这方面的食品安全问题。"

有受访者提出："应该定期对各种餐馆进行质量抽检。政府下大力气，肯定见效较快。虽然食品安全是一大难题，但是加大惩罚力度还是可以起到一定的警示作用。"

也有受访者表示："政府要着力解决食品安全问题，给公众一个安全的餐桌。"

李女士也认为食品安全最重要："我建议先解决食品安全问题。因为食品安全相对于其他安全如信息安全来说，应该是较容易做到的。监管部门加大监督力度可以解决一部分食品安全问题。"

2. 监管成效和监管成本是受访者的重点考虑因素

根据对受访者观点的归纳总结，可发现那些政府部门监管起来"容易做""见效快"的安全分项是受访者做出选择的一大影响因素。以交通安全为例，部分受访者认为将其列为优先解决的公共安全分项是对政府监管的有效性和经济性进行权衡后做出的选择。与同级别城市的公交系统相比较，西安市的城市公交系统建设能力较为不足，交通基础设施建设不够完善，难以满足城市交通发展的需要。西安市的公共交通以公交车为主，轨道交通建设与国内其他大型城市相比来说仍有不足。现阶段，西安市公共交通存在公共交通种类少、线网覆盖率偏低的弊端，现有公共交通的数量无法满足城市发展的需要。在这种情况下受访者会更多地选择私家车、电动车或自行车出行，一些交通乱象由此产生。这些交通安全方面的问题是政府部门相对容易解决的，相较于其他需长期施策的公共安全分项，交通安全的监管成效和监管成本相对更加优越。因此，较多受访者建议优先解决交通安全问题，这也从侧面反映出西安市城市居民具有丰富的学识并且愿意加入城市公共安全治理的工作中来。

城市公共安全各分项的监管成效和监管成本成为影响受访者选择的因素之一。王先生认为："交通安全问题最应该优先解决。交通监管有一套完善的程序，监管起来行之有效，效率最高，所以应该优先解决交通安全问题。”

杨小姐认为交通安全问题最迫切：“政府应该先解决交通安全问题。早高峰和晚高峰的时候，地铁、公交上的人实在太多了。从地铁出来之后人特别多，应多设计几个地铁站出口，尤其是一些人流量较大的中转站更应该多设计一些出口。马路比较窄，现在地铁出口又少，又有自行车，又有摩托车，又有汽车，整体都很堵。”

3. 重要性和事发之后的严重性极大地影响着受访者的选择

城市公共安全分项的重要性以及事故发生后的严重性程度是受访者做出选择的重要影响因素。以治安安全为例，由于其本身的重要意义和爆发事故后的严重后果，使得受访者对此公共安全分项尤为关注，这也是影响受访者做出选择的重要因素。众所周知，西安市已成为西北地区重要的人口流入城市。《西安市第六次人口普查公报解读》显示，西安市居住地与户口登记地所在的乡镇街道不一致且离开户口登记地半年以上的人口为 234.59 万人，占常住人口的比重为 27.7%，同 2000 年第五次全国人口普查数据相比，增加了 147.11 万人，占常住人口的比重上升了 15.9 个百分点。其中，流入人口(包括省外流入和省内市外流入)为 126.02 万人，流出人口(包括流出省外和省内市外流出)为 18.62 万人，净流入人口为 107.4 万人。[①] 人口密度大且流动性大使得西安市的治安安全面临着极大的考验，在这种情况下一旦发生社会治安事件，将造成严重的后果。因此，多数受访者对于西安市的治安安全格外关注，期待政府能够进一步加强治安安全的稳定性。

城市公共安全各分项的重要性和事发之后的严重性是影响受访者选择的因素之一。王先生认为：“应优先解决治安安全问题，因为它涉及人的生命。如果一个城市的女孩在晚上因为害怕治安状况不好而不敢出门，这就是城市治安管理出现了问题。”

吴女士认为：“政府应先解决社会治安方面的问题。我经常上夜班，一个人加班后回家的时候，经常会看到一些喝醉酒的小伙子打架闹事。晚上有的路段很黑，路灯很昏暗，而且很少能看到摄像头，所以这些路段基本上是不敢走的。我希望政府相关部门能够将这些最基本的问题优先解决，最起码让大家走路走得安心。”

① 数据来源于西安市统计局网站。

郑先生对社会治安非常关心:“政府应优先解决治安安全问题。因为工作原因,我经常走街串巷,我目睹的社会治安问题很严重。一些偷窃、暴力事件也是经常看见。我认为社会治安问题非常重要,希望政府可以优先解决。”

四、提升西安市城市公共安全的有关建议

城市公共安全治理任重道远,政府肩负着重大的责任,政府作为城市公共安全治理的主体,不仅是公共安全治理的直接推动者,也是政策的制定者和实施者。当然,公共安全治理政策创新要充分尊重人民的主体地位,发挥人民群众物质财富和精神财富创造者的优势,不断探索反映人民意志的治理路径。西安市受访者从自身实际和生活体验出发,表达了自己对于城市公共安全各分项满意或不满意的观点及原因,并积极为解决现存公共安全问题建言献策。

(一)加强公共安全宣传教育,增强公众参与意识

访谈过程中受访者多次提到,希望政府部门做好公共安全宣传工作,加强城市公共安全教育。在城市公共安全治理过程中,宣传先行、教育先行对于广大城市居民有着重要的启发作用,通过宣传教育可为城市公共安全各种问题的解决做好意识层面的准备工作。从受访者的反馈来看,虽然他们所在的社区、学校、单位有过公共安全宣传教育,但实际效果不佳,且受访者普遍认为在宣传形式上可以寻求创新,增强宣传教育工作的有效性。

受访者建议加强宣传教育,引导公众参与公共安全建设。在事业单位工作的樊女士认为:“公共安全教育工作意义重大,应当从孩子抓起。首先学校教育要重视学生安全意识的培育,可以通过定期开展安全知识讲座、进行消防演习等形式,让孩子从小树立安全意识。”

食品安全关乎每个人的幸福,做好食品安全宣传工作同样意义重大,有受访者提出:“政府可以在小区里设置安全宣传标语,利用大众传媒、微博等网络媒体、实体张贴海报、交通工具流动放映宣传视频等多种渠道宣传食品安全知识,使食品安全意识深入人心。”

关于生态安全方面的宣传,企业职工段女士认为:“政府应该通过宣传,让每个人都有保护生态环境的意识,大力倡导公共交通工具出行,共同保护我们的生存环境。”

企业员工张先生提出:“垃圾分类问题首先需要政府主导,积极倡导,让公众从思想上树立垃圾分类意识,同时政府可以出台一些奖励性政策鼓励大家进

行垃圾分类。公共安全问题关乎千家万户，采取行动前一定要坚持意识和教育先行。”

（二）强化政府监管，以强制措施约束不法行为

政府监管部门应对相关行业发展创造良好的制度环境、政策环境和法律环境，同时也应担负起必要的行政监管职能。从政府监管角度提出建议是众多受访者直观的看法，他们从问题—监管（惩处）—改善的治理逻辑表达了自己对于身边公共安全问题解决的看法，表达了对于政府部门解决公共安全问题的意见和建议。

受访者建议通过加强政府监管力度来约束不法行为。有受访者提出：“政府部门工作人员应树立安全责任意识，具备相应的安全防范意识和素质，并率先垂范做好安全防范工作。”

在对领导层面提出建议后，也有受访者从履职角度发表了看法：“政府部门要切实履行职责，积极制定城市公共安全治理政策，做好监督管理工作，加大违法犯罪惩处力度，对交通领域的违法犯罪行为、食品安全领域的违法犯罪行为等加大惩处力度。”

此外，在监管职责实施主体——执法队伍层面，有受访者建议：“政府部门执法队伍要提高综合素质和业务水平，做到主动出击，不能被动地去当消防员，要做到事前监测预警，捍卫人民的安全权益。”

关于具体做法，有受访者认为：“针对食品安全问题，应该监管常态化，而不是偶尔应付检查或是等出了问题以后采取补救措施，应该提早加强防范。多一些防范，少一些事后的处理。”

针对公共卫生安全，有受访者认为：“假疫苗事件从根本上来说还是监管的缺失。制药公司应该完善自身制度建设，做好自身监管工作，政府部门也应加强对其监管，出现问题应严惩。外卖平台管理方面，政府应当加强对外卖商家经营许可证的审查管理。”

（三）加强法制建设，营造和谐稳定的社会环境

建立规范的政府管理决策监督机制将涉及行政管理制度、法律制度、社会舆论管理制度等多方面重大制度的改革与调整，政府应加强立法，严格执法，建立严格的食品、药品审查制度。现阶段我国公共安全法律法规不够完善，体现为公共安全应急体系相关法律法规不健全，突发事件应急处理相关立法的可操

作性不强,法律条文过于笼统等。不少受访者能够意识到政府舆情引导和控制的重要性,安全事故和公共危机爆发时,政府如果不注意及时监控并积极引导社会舆论、回应公民诉求,往往使得事态和风险朝向紧张和破坏的方向恶化。政府若能及时有效地引导城市公共安全舆情,了解民生诉求,做好风险沟通,对于化解安全风险,避免风险放大效应具有十分重要的意义。

受访者建议完善法制建设,提高执法操作性。受访者受限于专业背景,对于法制建设虽然没有专业的意见和建议,但是他们呼吁加强法制管理的呼声却非常强烈:"要加强立法,并且执法力度需要加强,这样才能减少一些损害公共安全的隐患。"

有受访者表示:"政府部门要了解百姓诉求,了解真实的民生疾苦,这样才能真正解决公共安全方面的问题。"

(四)促进社会公平,完善社会保障制度

受访者提出了城乡医疗保险的差距问题,表达了对更加完善的各类保险保障的期望。政府应致力于整合城乡居民基本养老保险和基本医疗保险制度,更好地保障老年人的基本生活,解决老年人养老方面的后顾之忧,完善社区养老制度。此外,政府应重视贫富差距对于城市居民公共安全风险感知的影响。政府在解决城市公共安全问题时不能仅解决表面问题,更要剖析深层原因,努力通过再分配调节收入差距,制定更加普惠公平的社会保障政策,以求不断改善城市公共安全存在的突出问题,切实增进城市居民的安全感、幸福感和获得感。

受访者建议进一步完善社会保障制度,促进社会公平。企业职工樊先生提到了住房问题,认为:"房价太高,普通民众买不起房,应当加强保障性住房建设和管理,满足百姓生活基本需求。"

(五)创新治理方式,加强信息网络治理

网络信息空间天朗气清、生态良好,符合人民利益;网络信息空间乌烟瘴气、生态恶化,则会损害人民利益。现代网络技术发展产生了许多网络犯罪问题,特别是近年来频繁发生的网络信息泄漏、信息诈骗等恶性事件,这些事件的发生严重威胁着和谐稳定的社会环境,也给政府治理提出了新的挑战。地方政府应创新治理方式,着重治理民众关注的重点领域。在当前信息技术迅速发展的形势下,政府必须把队伍建设提到战略高度,在提高信息治理能力、转变管理方式、加强人才培养方面下更大的功夫。

受访者建议政府采取新技术改善信息安全形势。企业职工方先生认为："应当净化网络环境，加强监管，加大网警排查，培养专业人才队伍，提高监管技术科技含量。"

也有受访者表示："各种形式的安全威胁充斥着网络空间，针对当前各种网络攻击、病毒传播，政府应当加大技术管理人员培训力度，有效应对网络信息安全挑战。"

还有受访者认为："政府应该加强对网上造谣跟风分子的监控，加强对网络舆论的监控和引导力度，呼吁公众在突发事件来临时不要跟风造谣、火上浇油，以致误导他人。保护网络信息安全，营造绿色网络空间是我们共同的期盼。"

后　记

本书是中国矿业大学城市公共安全管理智库和“江苏省公共安全创新研究中心”在城市公共安全感研究方面继《江苏省城市公共安全蓝皮书》《中国城市公共安全感调查报告(2018)》《中国城市公共安全感调查报告(2019)》之后的第四部年度成果。本书的出版为我们的城市公共安全感研究填补了又一空白。如果说《中国城市公共安全感调查报告》皮书系列是对全国城市公共安全感进行“面”上的研究,那么本书从调研到成书的过程则是对全国城市公共安全感进行“点”上的研究,通过对城市中的个别居民进行深入的结构化访谈,了解个体对于城市公共安全不同的感受及诉求,聚焦于个体公共安全事例,进而展开至公共安全的方方面面,侧重于汇集民智民力,进而形成切实可行的公共安全治理对策。从另一个维度来说,本书更是一次开创性的试验。去年我们的首本全国性城市公共安全感蓝皮书《中国城市公共安全感调查报告(2018)》发布后,产生了广泛而良好的社会效应,也收到了来自社会各界不同的反馈。部分城市将蓝皮书发布的新闻及所在城市公共安全感排名发布在政府网站上,也有部分城市来函对我们的研究进行了深入交流和探讨。正是有了这种相互反馈,学术和社会才能不断调整各自的姿态,起到相互促进的效果。对于我们来说需要做的是不断深化理论认知、完善研究方法,使研究结论更客观、研究方法更科学。基于这样的态度,在过去的一年中,我们汲取了来自各方的反馈意见,重新规划了研究内容和研究路线。并从今年开始采用全国省会城市、直辖市、非省会计划单列市全覆盖加上各地区重点城市居民深度访谈的调研形式,力求实现城市公共安全感调研“铺出去”和“扎下去”的双向并进。

本书内容源自对全国10个重点城市中城市居民的第一手访谈资料,在此基础之上编者进一步进行了学术研究及写作并严格保障了访谈内容的真实性及科学性。由于调研工作量越来越大,我们将尝试与兄弟院校及地方政府进行合作,使调研更为顺利。同时也希望通过这种方式使我们的城市公共安全感研究走出来,让“自己”的事业变成“大家”的事业。只有通过共同努力,才能使城市公共安全感研究更加繁荣,使它焕发更强的生命力。

本书为中国工程院咨询研究项目“新形势下我国城市安全发展战略研究”子课题“新形势下我国城市风险评估与预防发展战略研究”的阶段性研究成果之一。中国矿业大学双一流建设自主创新专项“城市与公共安全”(2018ZZCX10)由中国矿业大学城市公共安全管理智库具体组织实施,本书为该项目的研究成果。本书的出版得到了江苏高校人文社会科学校外研究基地“江苏省公共安全创新研究中心”、中国矿业大学城市公共安全管理智库、中国矿业大学“五位一体”本科生实习实践项目、中国矿业大学“行政管理”品牌培育专业经费资助。本书在数十位专家学者和教师的咨询、指导和参与下,发动了数十位本科生、研究生参加调研、录音及写作材料整理等工作,历时近一年得以付梓,完全是一本集体智慧、汗水和时间的结晶。

在此向所有参与蓝皮书统筹规划、咨询指导、项目调研、书稿写作的专家和师生表示衷心感谢!中国矿业大学出版社的精心策划和耐心编校等工作为本书顺利出版提供了保障,在此给予特别感谢。

本书是集体劳动的成果也是分工协作的贡献,书稿写作具体分工为:总体统筹编辑,王义保、张睿;北京篇,武迎香、张瀚心;成都篇,琚子、陈婷;长沙篇,甘洋龙、于鹏程;广州篇,徐潇蓉、许兴兴;济南篇,王雅慧、周子婷;兰州篇,蒋琛、杨萍萍;南京篇,张睿、刘宇宸;上海篇,李雨桐、王晓萱;沈阳篇,张莹、李超;西安篇,张茜、熊亚超。感谢以上作者在课题前期调研及后期写作中的辛勤付出。虽然我们秉持着一种尽心竭力、精益求精的追求,但科学研究的道路没有终点。随着时代的发展和社会的进步,城市公共安全问题必将愈发得到人们的关注,有关城市公共安全及城市公共安全感的研究将是长远的征程。由于团队成员学识和经验所限,研究中难免有疏漏之处,万望学界同仁和社会各界给予批评指正。同时我们也欢迎各位加入我们的研究队伍中来,投入城市公共安全及城市公共安全感研究这项事业中来,共同创造更高的成果,共同促进研究的发展和繁荣。

编者
2019 年 10 月